CALIFORNIA
CULT RECIPES

CALIFORNIA
CULT RECIPES

캘리포니아 컬트 레시피

신선하고 다양한
캘리포니아식 제철 요리

글 비비언 루이
사진 콘 풀로스

강지숙, 이주민 옮김

차례

8 아침 식사, 브런치

42 음료

58 점심 식사

98 간단 식사

136 저녁 식사

176 디저트

194 기본

일러두기
. . . .
테이블스푼은 TS로, 티스푼은 ts로 표기합니다.
옮긴이 주석은 *로 표기합니다.

서문

캘리포니아는 작은 천국을 닮았다. 구름 낀 산봉우리, 황금빛 해안, 거기에 활기 차고 매력적인 미식 문화까지. 해물은 신선하고, 고기는 친환경적이고, 시장은 1년 내내 놀라운 것들로 가득하다. 바다를 마주한 기름진 토양과 온화한 기후 덕분에 유명한 캘리포니아 감귤류부터 아보카도까지, 하늘이 내려준 듯한 농산물은 다양하고 풍성하다. 모든 것이 잘 자라서 야생 펜넬이 주차장 바닥 틈새에서까지 자랄 정도다. 이 너그러운 땅 덕분에 캘리포니아 사람들은 활기와 웰빙이라는 삶의 방식을 체득했다. 아침에 스키 슬로프를 내려오고, 쉬는 시간에 그레인 볼과 그린 주스를 먹고, 해가 지기 전에 서핑을 한번 하면서 하루를 마감할 수 있는 곳이 또 어디 있을까?

캘리포니아 사람들은 땅에, 땅이 품고 있는 것에, 자신들을 먹여살리는 것에 깊은 존경심을 가지고 있다. 그것이 매주 지역 생산자의 시장을 셰프뿐 아니라 요리를 좋아하는 일반인들까지 찾는 이유다. 새로운 재료를 만나는 상품 진열대에서는 계절에 따라 영감을 주는 보물들을 발견한다. 금귤이 나오면 겨울이 시작되고, 누에콩은 봄, 옥수수는 여름, 호박은 가을의 시작을 알린다. 이런 풍부함은 요리를 할 때 친숙한 재료들에서 놀라움을 발견하는 재미를 선사한다. 쇠비름 싹을 날것으로 먹는 대신 볶아 먹거나, 특별한 타입의 아보카도 껍질은 먹을 수 있다는 걸 발견하는 것만큼 단순한 것들이다.

하지만 이렇게나 다양한 지역 생산물이 캘리포니아 음식에 영향을 주는 유일한 요소는 아니다. 문화적 다양성 역시 또 하나의 이유다. 사람들로 부산한 한국식 바비큐 가게 옆에 아주 신선한 타코 가게를 만날 수 있고, 이 두 요리를 완전히 새롭게 합친 퓨전 요리를 파는 푸드 트럭도 근처에서 발견할 수 있다. 식당가는 캘리포니아 사람들이 예외 없이 즐기는 맛과 기술을 아낌없이 제공한다. 그것은 만들고 먹고 나누는 음식에 대한 진심 어린 사랑이다. 그 사랑은 부엌에, 식탁에 긍정적인 에너지를 불어넣는 한편, 캘리포니아를 정말로 특별한 지역으로 만드는 비결이기도 하다.

아침 식사, 브런치 BREAKFAST & BRUNCH

아침 식사가 하루 중 가장 중요한 끼니라는 말이 있다. 이 챕터는 그 말에 걸맞은 아침 식사를 준비하는 데 도움이 될 것이다. 신선한 과일을 곁들인 스무디 볼이나 씨앗과 견과류를 더한 그래놀라 같은 간단하면서도 맛있는 요리들을 소개한다. 이보다 더 기분 좋게 하루를 시작할 수 있을까? 아침 시간을 절약하기 위해 전날 밤 준비를 해둘 수도 있다. 아침 식사가 하루 중 가장 중요한 끼니라면, 브런치는 가장 여유롭게 즐기는 끼니일 것이다. 바삭한 칠라킬레스건 블랙베리를 곁들인 옥수수 팬케이크건 야외에 앉아 태양 아래 저마다의 맛을 즐길 수 있다면 그것으로 충분하다.

아보카도 AVOCADO GROVES

최적의 기후와 비옥한 토양 덕에 캘리포니아는 미국 최대의 아보카도 생산지가 되었다. 캘리포니아주 남부에서 발견된 하스 아보카도는 다양한 스타일의 요리에 가장 많이 활용되는 품종이다. 제철에는 식료품 가게의 진열대에서 10개가 넘는 품종의 아보카도를 볼 수 있고 그중에는 껍질까지 먹을 수 있는 것도 있다. 맛은 크림처럼 부드럽고 몸에 좋은 지방이 풍부한 아보카도는 여러 가지 방법으로 요리할 수 있는데, 그릴에 굽거나 퓌레로 만들어 먹을 수도 있고 아니면 간단히 반으로 잘라 숟가락으로 퍼먹을 수도 있다.

아보카도 토스트 AVOCADO TOAST

아보카도 토스트가 유행에 지나지 않는다고 말하는 이도 있겠지만, 아보카도는 캘리포니아에서는 상징적인 과일이다. 아보카도를 베이스로 다양한 식감과 풍미를 조합해 먹는 것이 이상적인 방식이니, 여러 가지 재료를 얹어 즐기면 된다.

4인 분량
준비 시간: 10분
조리 시간: 7분

큰 달걀 4개

중간 크기 아보카도 2개, 반으로 갈라 씨를 빼고 껍질을 벗겨 얇게 썬 것

구운 빵 큰 4조각 또는 작은 8조각 (씨앗빵, 팽 드 캉파뉴, 사워도우 등)

래디시 6개, 아주 얇게 썬 것

새싹 채소 20g

헴프 시드 20g

엑스트라버진 올리브오일 극소량

플레이크 소금*, 후추

*천일염의 한 종류로 납작한 결정 형태라서 보통 손끝으로 부숴서 음식에 넣는다. 일반적인 소금을 사용해도 문제는 없다.

작은 냄비에 물을 끓인다. 끓는 물에 달걀이 2.5㎝ 정도 잠기도록 넣고 7분간 가열한 뒤 얼음을 채운 그릇에 옮겨 담는다. 껍데기를 살짝 깬 후 식게 두었다가 껍데기를 완전히 벗기고 얇게 썬다.

구운 빵 위에 얇게 썬 아보카도를 올려 가볍게 소금과 후추를 뿌린다. 준비한 달걀을 위에 얹고 다시 간을 한다. 얇게 썬 래디시, 새싹 채소, 헴프 시드를 위에 얹고 올리브오일로 향을 내고 소금과 후추를 뿌려 마무리한다.

치아 시드 스무디 볼 SUNRISE CHIA SMOOTHIE BOWL

캘리포니아에는 볼 요리만 판매하는 카페들이 있다. 여기서 소개하는 레시피는 스무디의 신선함과 치아 시드 푸딩의 크림 같은 질감까지 함께 즐길 수 있는 버전이다. 다양한 토핑을 솜씨 있고 예쁘게 얹어 자신만의 볼을 완성해보자.

1인 분량
준비 시간:
5분 + 하룻밤 냉장 및 냉동 보관
조리 시간: 없음

치아 시드 1TS(10g)
견과류 음료(55쪽 참조)
또는 코코넛 밀크 175ml
바나나 1/2개, 둥글게 썬 것
여러 종류의 베리 105g
생강 1ts, 간 것
라임 1개, 제스트
플레이크 소금 1자밤

곁들임 재료
슬라이스한 계절 과일
다진 견과류
볶은 코코넛 등

작은 그릇에 치아 시드와 견과류 음료 60ml를 섞어 전날 밤 냉장고에 넣어둔다.

볼에 랩이나 유산지를 깐 다음 바나나 썬 것과 베리를 담아 냉동실에 밤새 넣어둔다. 볼을 얼리면 차가운 상태의 아침 식사를 즐길 수 있고 베리도 신선하게 유지할 수 있다.

아침이 되면 치아 시드와 견과류 음료 섞은 것, 견과류 음료 나머지, 볼에 얼려둔 과일, 생강, 라임 제스트와 플레이크 소금을 블렌더에 넣고 골고루 갈아 스무디를 만든다. 얼린 볼에 스무디를 담고 취향대로 곁들임 재료를 올려 완성한다.

아침 식사용 타코 BREAKFAST TACOS

캘리포니아에는 엄청나게 많은 종류의 타코가 있다. 전통식 타코, 한국식 타코 그리고 채식 타코까지. 토르티야를 완벽한 그릇 삼아 여러 가지 재료를 담아내는 요리가 타코이기에 다양한 버전이 존재하는 건 당연한 일이다.

4인 분량
준비 시간: 5분
조리 시간: 25분

엑스트라버진 올리브오일 4TS
소시지 230g, 껍질 벗긴 것
작은 양파 1개, 잘게 다진 것
큰 포블라노 고추* 1개, 속과 씨를 발라내고 얇게 썬 것
마늘 1쪽, 다진 것
옥수수 토르티야 8장(지름 약 13cm)
큰 달걀 8개
플레이크 소금, 후추

곁들임 재료
다진 할라페뇨
래디시 피클(209쪽 참조)
고수

*끝이 가늘고 긴 짙은 녹색의 고추로, 멕시코 요리에 많이 쓰인다.
**설탕에 열을 가해 갈색으로 만드는 과정. 고소한 향이 생긴다.

눌음 방지 프라이팬을 중불에서 가열한다. 올리브오일 1TS을 두르고 소시지를 올려 나무 숟가락으로 으깬 후 자주 저어가며 갈색을 띨 때까지 6~8분간 익힌 뒤 그릇에 옮긴다.

프라이팬에 올리브오일을 1TS 더 두른 뒤 양파를 넣고 투명해질 때까지 3분간 볶는다. 포블라노 고추를 더하고 간한 뒤 5분간 익히면 양파와 포블라노 고추가 캐러멜화**되기 시작한다. 여기에 마늘을 더해 1분 더 익히고 소시지를 담아둔 그릇에 같이 담는다. 프라이팬을 닦아 잠시 옆에 둔다.

다른 눌음 방지 프라이팬에 기름을 두르지 않고 토르티야를 한 장씩 굽는다. 이때 각 면을 1~2분 정도 구우면 된다. 군데군데 부풀어오르고 색이 변하면 다 구워진 것. 구운 토르티야는 접시에 담고 천을 덮어 식지 않도록 한다.

볼에 달걀을 깨고 소금과 후추로 간한 뒤 젓는다. 재료를 볶았던 프라이팬에 올리브오일 2TS을 마저 두르고 중불에서 가열한다. 저어둔 달걀을 팬에 붓고 약불로 줄인다. 이따금 흔들어가며 오믈렛처럼 익히고 달걀이 전체적으로 잘 익을 수 있도록 팬을 기울여가며 가열한다. 3~4분간 조리한 후 큼직한 오믈렛이 완성되면 팬을 불에서 내린다.

내가기 직전에 토르티야에 오믈렛을 나눠 올리고 소시지 혼합물을 더한 후 원하는 곁들임 재료를 얹어 마무리한다.

칠라킬레스 CHILAQUILES

아침으로 즐겨 먹는 멕시코 전통 음식 칠라킬레스의 바삭한 버전이다. 으깬 팥이나 닭가슴살, 볶은 채소 등으로 자신만의 버전을 완성해보자.

4인 분량
준비 시간: 10분
조리 시간: 20분

토마토 450g, 반으로 자른 것
작은 양파 1개, 4등분한 것
할라페뇨 고추 1개, 꼭지를 따고 반으로 갈라 씨를 제거한 것
마늘 1쪽, 껍질 벗기지 않은 것
아도보소스*에 담근 치포틀레** 통조림 고추 2개와 소스 2TS
카놀라유 또는 튀김용 식용유
옥수수 토르티야 255g, 4등분한 것
큰 달걀 8개
엑스트라버진 올리브오일 2TS
단단한 페타치즈 85g, 부스러뜨린 것
아보카도 1개, 얇게 썬 것
파 2대, 다진 것
래디시 6개, 아주 얇게 썬 것
소금, 후추

그릴랙을 불에서 15cm 정도 높이에 걸고 그릴을 예열한다. 주철 프라이팬에 토마토, 양파, 할라페뇨, 마늘을 넣고 그릴에서 10~12분간 굽는다. 군데군데 적당히 탄 자국이 생길 때까지 구우면서 채소를 중간에 한 번 뒤집는다. 그릴에서 팬을 내린 후 마늘은 눌러 껍질을 벗긴다. 구운 채소는 모두 푸드 프로세서나 블렌더로 옮기고 치포틀레 고추와 소스를 더해 간한 후 갈아준 다음 뚜껑을 덮어 식지 않게 둔다.

튀김용 냄비 또는 바닥이 두꺼운 냄비에 기름을 부어 180°C까지 가열한 후 토르티야를 2~3분간 튀긴다. 토르티야는 중간에 한 번 뒤집고 바삭하고 보기 좋게 색이 변할 때까지 튀기고 나서 키친타월 위에 두고 소금으로 살짝 간한다.

볼에 달걀을 깨고 소금, 후추로 간한 후 젓는다. 눌음 방지 프라이팬을 중불에 가열하고 올리브오일을 두른다. 저어둔 달걀을 모두 프라이팬에 붓고 중약불로 줄인다. 조심스럽게 저으며 익히되 팬을 기울여가며 달걀이 골고루 익을 수 있도록 한다. 3~4분 정도 더 조리해 큼직한 오믈렛을 완성한 후 팬을 불에서 내린다.

튀긴 토르티야를 접시 4개에 나눠 담고 소스를 위에 붓고 오믈렛을 얹는다. 페타치즈, 아보카도, 파 그리고 래디시로 장식한다.

주: 집에서 직접 만든 토르티야 칩이 더 맛있지만 시중에 파는 토르티야 칩을 사용해도 문제가 없다.

*멕시코 고춧가루와 말린 허브, 마늘, 식초 등으로 만든 소스. 고추장과 같은 질감이다.
**다 익은 할라페뇨 고추를 훈제, 건조한 것.

녹색 채소와 허브를 곁들인 달걀 요리
BAKED EGGS WITH FORAGED GREENS & HERBS

이스라엘 요리인 샥슈카*에서 영감을 받은 레시피로, 샐러드용 잎채소 대신 야생화나 시장에서 구입한 다양한 종류의 채소를 사용했다. 허브를 사용해 신선함을 더한다.

4인 분량
준비 시간: 5분
조리 시간: 20분

무염버터 30g
엑스트라버진 올리브오일 3TS
+ 흩뿌릴 여분
작은 리크 2대, 다진 것
겨자, 물냉이, 쇠비름, 루콜라 등 여러 가지 샐러드 채소 300g, 잘게 썬 것
방울토마토 375g, 반으로 자른 것
파르메산치즈 30g, 간 것
+ 서빙용 여분
수막** 1ts
큰 달걀 8개
처빌, 야생 펜넬, 겨자꽃, 래디시꽃 등 허브 또는 야생화 두 움큼
플레이크 소금, 후추
빵 4조각, 두껍게 잘라 구운 것

*각종 채소와 향신료를 넣고 끓인 토마토소스에 계란을 깨 넣어 만든 음식. '에그 인 헬'이라고도 부른다.
**열대 옻나무 열매를 간 것.

오븐을 200°C로 예열한다.

달걀 8개가 들어갈 수 있는 크기의 주철 프라이팬을 중불에 올린다. 버터와 올리브오일 1TS, 리크를 넣고 간한다. 리크가 부드러워질 때까지 5분간 익힌다. 남은 올리브오일 2TS을 더하고 샐러드 채소의 반을 팬에 넣고 섞은 뒤 1분 정도 두어 숨이 죽으면 간한다. 나머지 반을 넣고 반복한다. 방울토마토, 파르메산치즈와 수막 절반 분량을 더해 살살 섞는다.

팬에 담긴 채소더미에 구덩이를 파듯 구멍 8개를 만들고 달걀을 하나씩 깨 얹는다. 팬을 오븐에 올리고 달걀 흰자가 익을 정도만 10~12분 굽는다. 중간에 팬을 한 번 돌린다. 오븐에서 꺼낸 팬에 올리브오일과 남은 수막, 허브와 야생화, 파르메산치즈를 취향에 맞게 뿌린다. 마지막으로 간하고 식기 전에 빵과 함께 낸다.

서핑 SURF

캘리포니아에는 해안을 따라 최적의 서핑 장소들이 산재해 있어 서핑 문화가 자연스레 깃들어 있다. 리모델링한 오래된 폭스바겐 콤비 밴을 감상해도 좋고 거대한 파도가 밀려오면 서핑 보드에 올라타도 좋다. 땅과 물 어디라도 '골든 스테이트' 캘리포니아의 기분 좋은 분위기가 우리를 사로잡는다. 나이가 적든 많든, 초심자든 전문가든, 롱보드든 숏보드든 상관없이 모든 이가 한데 어우러져 대양이 제공하는 기쁨을 함께 만끽한다. 서핑 후엔 (구경만 했다고 해도) 허기가 몰려오니 탄수화물이 가득한 음식들을 즐겨보자.

서퍼의 아침 식사 SURFER'S BREAKFAST

좋은 재료들로 만든 간단하고 맛있는 레시피. 단숨에 준비할 수 있어 서핑 후의 완벽한 한 끼가 된다. 해변 캠핑을 할 때도 그만이다.

4인 분량
준비 시간: 없음
조리 시간: 22분

두꺼운 베이컨 8조각(약 340g)
작은 아보카도 2개, 반을 갈라 씨를 뺀 것
큰 달걀 8개
잉글리시 머핀 4개, 반으로 잘라 구운 것
플레이크 소금, 후추
가염버터, 곁들임용
발효된 핫소스, 곁들임용(213쪽 참조, 선택 사항)

베이컨이 서로 겹치지 않도록 주의하면서 주철 프라이팬에 나란히 올린다. 지방이 녹고 베이컨이 보기 좋은 색으로 바삭해질 때까지 중불에 10~12분 굽는다. 도중에 한 번 뒤집어주는데, 이때 팬이 너무 달궈졌거나 연기가 날 경우 바로 불을 줄인다. 다 굽고 난 뒤 키친타월 위에 올려 기름을 뺀다.

베이컨에서 나온 기름은 1TS만 남기고 모두 버린다. 팬을 다시 중불에 올리고 아보카도를 절단면이 아래로 오도록 얹어 갈색이 될 때까지 1~2분간 익혀서 따로 둔다.

불을 중강으로 올리고 프라이팬에 달걀 4개를 깨서 넣고 1분 뒤 약불로 줄인다. 달걀 가장자리 색이 변하고 바삭해질 때까지 3분간 더 익힌다. 달걀을 접시에 담아낸 후 프라이팬을 다시 중강불에 올리면서 따로 두었던 베이컨 기름을 둘러 남은 달걀을 조리한다.

접시마다 달걀 2개, 베이컨 2조각, 아보카도 반 개, 반으로 자른 잉글리시 머핀 1개와 버터 그리고 핫소스를 담은 후 소금과 후추를 뿌린다.

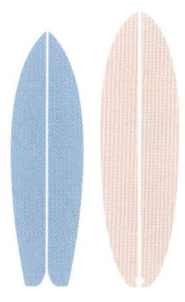

캘리포니아 그레인 볼 CALIFORNIA GRAIN BOWL

이제는 대체 불가능한 메뉴가 된 그레인 볼은 곡물과 풍성한 시장 재료들을 넉넉히 사용하는 음식이다. 이 레시피는 풍족한 아침을 열기에도 안성맞춤이지만, 점심이나 저녁으로 준비해도 손색이 없다.

4인 분량
준비 시간: 10분
+ 물에 담가두기 하룻밤
조리 시간: 50분

메밀 125g
호밀 135g
채소 스톡 1L(197쪽 참조)
엑스트라버진 올리브오일 4TS
큰 달걀 4개
샬롯 1개, 얇게 썬 것
여러 가지 버섯 225g, 얇게 썬 것
시금치 170g, 뿌리를 잘라낸 것
채소 피클 150g(209쪽 참조)
플레이크 소금, 후추

곡물은 전날 밤 물에 담가둔다. 메밀과 호밀을 함께 담가두어도 괜찮다. 다음 날 아침 체에 밭쳐 물기를 뺀다.

채소 스톡은 작은 냄비에 담아 가열하고 끓어오르면 약불로 줄인다.

커다란 볶음용 팬을 중불에 올려 올리브오일 2TS을 두른 후 곡물을 넣고 기름과 잘 섞는다. 소금 1ts, 채소 스톡 1국자를 더한 후 계속 저어가며 곡물이 스톡을 완전히 흡수할 때까지 5분간 더 끓인다. 준비한 분량의 스톡을 다 사용할 때까지 1국자를 더하고 같은 과정을 반복하며 30분에서 35분간 끓인다. 다 끓인 후의 질감은 크림 같으면서도 곡물이 살짝 씹히는 정도여야 한다. 불을 끄고 뚜껑을 덮어둔다.

곡물을 익히는 동안 작은 냄비에 물을 담아 끓인다. 달걀 4개를 끓는 물에 넣고 6분간 익힌 후 얼음을 가득 담은 그릇에 달걀을 담는다. 다 식었으면 껍데기를 벗겨 따로 둔다.

중강불에 커다란 프라이팬을 달군다. 남은 올리브오일 2TS을 두른 뒤 샬롯과 버섯을 넣고 소금 1/2ts, 후추 1/4ts을 뿌려 버섯의 색이 변할 때까지 5~8분간 익힌다. 시금치를 더하고 숨이 죽으면 가볍게 간한다.

곡물을 4개의 그릇에 나눠 담고 달걀, 채소 그리고 피클을 곁들여 내간다.

햄 & 에그 베이글 샌드위치 HAM & EGG BREAKFAST SANDWICH

아침으로 즐기기에 샌드위치보다 나은 것이 있을까. 이 샌드위치는 크기는 작아도 풍미로 가득하다. 달콤함, 부드러움, 고소함, 신선함과 매운맛까지 모두 아우르는 레시피.

4인 분량
준비 시간: 없음
조리 시간: 10분

엑스트라버진 올리브오일 2TS
구이용 햄 8조각
큰 달걀 4개
무염버터 30g + 곁들임용 여분
체더치즈 75g, 간 것
베이글 4개, 반으로 잘라 구운 것
다듬은 어린 민들레잎 또는
다른 샐러드 채소 1/2단
플레이크 소금, 후추
발효된 핫소스(213쪽 참조, 선택 사항)

커다란 주철 프라이팬을 중강불에 가열한다. 올리브오일 1TS을 두르고 햄을 바삭하고 먹음직스러운 색으로 변할 때까지 양면을 1분씩 굽는다. 햄을 팬에서 꺼내 따로 둔다.

팬을 다시 중강불에 올리고 버터 15g과 올리브오일 1TS을 두른 후 달걀을 깨서 넣고 1분간 익힌다. 불을 줄인 상태로 달걀에 체더치즈를 뿌린 뒤 뚜껑을 덮어 2~3분간 더 익히고 팬을 불에서 내린다. 달걀은 흰자가 익고 가장자리 색이 변하고 바삭해질 때까지, 치즈는 녹을 때까지 익히면 되지만 각자의 취향대로 익혀도 무관하다.

베이글 안쪽에 버터를 바르고 그 위에 구운 햄, 치즈를 뿌린 달걀, 어린 잎채소와 핫소스를 얹는다. 마지막으로 소금, 후추로 간한 후 나머지 베이글 반쪽으로 덮어 내간다.

귀리 와플과 여름 과일 PORRIDGE WAFFLES & STONE FRUIT

겉은 바삭하고 속은 죽 같은 대조적인 식감의 와플. 글루텐 프리 레시피.

4인 분량
준비 시간: 10분
조리 시간: 40분
준비 도구: 와플팬 1개

퀴노아 95g

스코틀랜드 귀리* 또는 요리용 스틸컷 귀리** 85g

소금 1ts

귀릿가루 120g

베이킹파우더 4ts

생강 2ts, 간 것

큰 달걀 4개, 노른자와 흰자를 분리한 것

무가당 코코넛 밀크 400ml

메이플 시럽 60ml + 곁들임용 여분 (선택 사항)

버터 60g, 녹여서 살짝 차갑게 식힌 것 + 와플팬 코팅용 여분

곁들임 재료

코코넛 크림 160ml

얇게 썬 여름용 과일, 볶은 검은깨, 구운 헤이즐넛

*귀리를 맷돌로 간 것.
**귀리 알곡을 얇게 자른 것.

오븐은 110°C로 예열하고 오븐 그릴 위에 유산지를 깐다.

작은 냄비에 퀴노아를 넣고 향이 올라올 때까지 3~5분 중불에 볶는다. 귀리와 350ml의 물, 소금을 더한 후 뚜껑을 덮고 약불에 15분간 끓이고 큰 접시에 옮겨 상온에서 식힌다.

작은 볼에 귀릿가루와 베이킹파우더, 생강을 섞은 후 따로 둔다. 중간 크기의 그릇에 달걀 흰자를 넣고 거품이 올라올 때까지 저은 뒤 따로 둔다.

믹싱 패들을 단 스탠드믹서에 달걀 노른자, 코코넛 밀크, 메이플 시럽과 버터를 넣고 1분간 중간 속도로 골고루 잘 섞는다. 식혀둔 곡물을 더하고 1분간 섞는다. 가장자리에 묻은 것까지 잘 긁어낸 후 귀릿가루 혼합물을 더해 뭉치지 않도록 1분간 더 섞는다. 반죽이 든 용기를 분리해 거품을 올린 달걀 흰자를 더하고 주걱으로 조심스럽게 섞는다.

와플팬에 버터를 발라 예열한다. 240g 또는 제조업체 권장량에 해당하는 반죽을 올리고 겉이 바삭하고 먹음직스러운 색이 될 때까지 7~8분 굽는다. 다 구운 와플은 오븐 그릴 위에 얹어 따뜻하게 유지한다. 남은 반죽도 같은 과정으로 굽는다. 와플팬 크기에 따라 4개 또는 5개의 와플을 구울 수 있다.

완성된 와플 위에 코코넛 크림을 스푼으로 떠올리고 원하는 재료를 곁들여 완성한다.

모닝 그래놀라 MORNING GRANOLA

먹음직스럽고 바삭한 그래놀라에 크리미한 요거트와 계절 과일을 곁들여 온전하고 균형 잡힌 아침 한 끼를 즐겨보자. 출출함을 간단히 달래기에도 좋은 음식.

1L 분량
준비 시간: 5분
조리 시간: 1시간 + 식히기 2시간

오트밀 180g
해바라기씨 160g
호박씨 80g
피칸 60g, 큼직하게 부순 것
아마란스씨 50g
헤이즐넛 65g, 껍질을 벗겨 큼직하게 부순 것
피스타치오 60g
헴프 시드 40g
코코넛오일 110g
갈색설탕 50g
꿀 85g
플레이크 소금 1ts

오븐을 150℃로 예열한다.

커다란 그릇에 오트밀, 해바라기씨, 호박씨, 피칸, 아마란스씨, 헴프 시드, 헤이즐넛, 피스타치오를 담는다.

코코넛오일과 설탕, 꿀 그리고 소금을 작은 냄비에 붓고 중불에서 3분간 가열하며 설탕이 다 녹을 때까지 계속 저은 후 곡물이 담긴 그릇에 붓는다. 모든 곡물에 골고루 입혀지도록 버무린 후 유산지를 깐 오븐팬에 평평하게 얹는다. 오븐에 넣고 15분마다 큰 주걱으로 재료를 뒤섞어가며 1시간 동안 굽는다. 맛있는 냄새가 나고 그래놀라의 색이 변하기 시작하면 오븐을 끈 뒤 그대로 2시간 동안 식힌다. 완성된 그래놀라는 밀폐 용기에 담아두면 한 달 정도 보관이 가능하다.

요거트, 견과류 음료(55쪽 참조), 과일 그리고 아이스크림까지 곁들여 먹을 수 있다.

바나나 씨앗빵 BANANA SEED LOAF

씨앗이 바삭하게 씹히는 맛이 일품이다. 간식으로 먹어도 좋고, 남은 것은 다음날 가염버터와 함께 토스트를 해서 먹어도 좋다.

6~8인 분량
준비 시간: 15분
조리 시간: 1시간

코코넛오일 110g + 케이크 틀에 바를 여분
밀가루 190g
베이킹파우더 1½ts
베이킹소다 1/2ts
플레이크 소금 1ts + 장식용 여분
꿀 170g + 2TS
피넛버터 130g
큰 달걀 2개, 빠르게 저어 상온에 둔 것
바닐라 엑스트랙트 1ts
요구르트 115g
호박씨, 해바라기씨, 헴프 시드, 참깨 등 여러 가지 씨앗 60g
제과용 초콜릿 200g(카카오 함유율 최소 70%), 큼직하게 다진 것
잘 익은 바나나 3개, 둥글게 썬 것

오븐은 180°C로 예열한다. 25 x 13cm 크기의 케이크 틀에 코코넛오일을 바르고 유산지를 깐다. 이때 틀의 모든 면에 8cm 정도의 유산지 여분이 남도록 한다. 유산지 위에 다시 코코넛오일을 가볍게 바르고 따로 둔다.

그릇에 밀가루, 베이킹파우더, 베이킹소다, 소금을 넣어 섞은 후 따로 둔다.

코코넛오일, 꿀과 피넛버터를 믹싱 패들을 단 스탠드믹서에 넣고 중간 속도로 3분간 골고루 섞는다. 휘저어둔 달걀은 반씩 넣어주되, 넣을 때마다 믹서를 멈추고 가장자리에 묻은 반죽을 긁어낸 후 다시 섞는다. 바닐라 엑스트랙트를 더하고 1분 더 섞는다. 속도를 약으로 조절하고 밀가루 혼합물의 절반과 요구르트, 이어서 나머지 밀가루 혼합물과 씨앗 40g을 더하며 섞는다. 모든 재료가 골고루 잘 섞일 때까지 믹서를 돌린 후 용기를 분리해 초콜릿과 2개 분량의 바나나를 더해 주걱으로 섞는다. 이렇게 완성된 반죽을 케이크 틀에 담는다.

남은 바나나 조각을 반죽 윗면에 얹고 남은 씨앗과 플레이크 소금을 그 위에 흩뿌린다. 꿀까지 뿌린 후 오븐에서 1시간 동안 굽는다. 케이크의 가운데를 칼로 찔렀다가 뺐을 때 묻어나오는 것이 없으면 다 구워진 것. 15분간 식혔다가 틀에서 꺼내고 완전히 식힌 후에 자른다.

스케이트 SKATE

1950년대의 캘리포니아는 스케이트보드의 요람이었다고 한다. 이후 이 '보드 위의 서핑'은 단순한 취미 활동 이상이 되었다. 스케이트보드의 인기는 1970년대 샌타모니카에서 결성되어 중력을 거스르는 듯한 정형화되지 않은 동작을 구사하며 현재 스케이트보드 기초를 닦은 도그타운의 Z-보이스라는 팀에게 힘입은 바가 크다. 공원에서 킥플립과 알리*를 연습하는 꼬마들부터 교통수단으로 이용하는 어른들에 이르기까지 스케이트보드는 캘리포니아를 지배하고 있다.

*킥플립은 진행 중 점프를 해서 보드를 360도 돌리는 기술이고, 알리는 보드 뒷부분을 한 발로 세게 눌러서 하는 점프이다.

훈제 연어와 감자 팬케이크
POTATO PANCAKES WITH SMOKED SALMON

셀러리악과 훈제 연어의 단맛과 짠맛의 조화가 완벽한 균형을 이룬다. 캘리포니아 시장에서 찾을 수 있는 다양한 뿌리채소를 비트, 당근 또는 고구마 등 일반적인 채소와 섞어 이 레시피의 다양한 버전을 실험해보자.

4인 분량
준비 시간: 15분
조리 시간: 40분

감자 450g(포슬한 식감의 품종)
셀러리악 450g, 껍질 벗긴 것
작은 양파 1개, 껍질 벗긴 것
셀러리씨 1½ts
무염버터 45g
엑스트라버진 올리브오일 3TS
큰 달걀 4개
훈제 연어 170g, 얇게 저민 것
연어알 60g
한련잎, 펜넬, 처빌 등 다양한 허브 한 움큼
플레이크 소금, 후추

푸드 프로세서나 강판을 이용해 감자, 셀러리악, 양파를 대충 갈아 깨끗한 천에 올린 다음 물기를 최대한 짜내고 큰 그릇에 담은 후 셀러리씨와 소금 1/2ts을 더해 잘 섞는다.

지름 25cm의 주철 프라이팬을 중불에 달구고 15g의 버터와 올리브오일 2TS을 두른다. 버터가 녹기 시작하면 팬을 돌려가며 골고루 코팅될 수 있도록 한다. 감자 반죽을 팬에 올리고 뒤집개로 눌러준다. 남은 버터와 올리브오일을 더한 후 가장자리 색이 변하고 바삭해질 때까지 10~15분간 그대로 둔다. 팬 바닥에 눌어붙지 않도록 스패튤러로 가장자리를 떼고 팬을 앞뒤로 흔들어준다. 큰 접시로 팬을 덮은 후 뒤집어 팬케이크를 접시에 옮겼다가 다시 미끄러뜨리듯 팬에 담아 반대쪽도 10~15분 익힌다. 팬케이크를 식힘망에 옮겨 5분간 식힌 후 4등분한다.

중간 크기의 냄비에 물을 끓여 약불로 줄인 후 달걀을 조심스레 깨 넣는다. 3~4분간 끓여 반숙 상태의 수란으로 익힌 후 거품 국자를 이용해 접시로 건져낸다.

잘라둔 팬케이크에 수란, 훈제 연어 조각, 연어알, 허브를 곁들여 잘 담아내고 가볍게 간한다.

블랙베리 옥수수 팬케이크 BLACKBERRY CORNMEAL PANCAKES

팬케이크는 많은 브런치 레스토랑의 메뉴에서 볼 수 있지만 집에서 직접 해먹기도 쉽다. 짠맛 위주의 식탁에 곁들이는 달콤한 한 접시는 언제나 기분 좋은 법이다. 블랙베리의 가벼운 산미가 메이플 시럽과 기가 막히게 어울린다.

4인 분량
준비 시간: 5분
조리 시간: 30분

메이플 시럽 240ml
블랙베리 150g
블랙베리 150g, 반으로 자른 것
밀가루 125g
중간 굵기의 옥수숫가루 45g
베이킹소다 1ts
소금 1ts
큰 달걀 2개
요구르트 225g
바닐라 엑스트랙트 1/2ts
레몬 1개, 제스트
무염버터 30g, 녹인 것

오븐은 100°C로 예열한다. 오븐 그릴 위에 유산지를 깐다.

작은 냄비에 180ml의 메이플 시럽과 자르지 않은 블랙베리를 넣고 가열하고 식힌다.

큰 그릇에 밀가루, 옥수숫가루, 베이킹소다와 소금을 넣고 섞는다. 작은 그릇에 달걀, 요구르트, 메이플 시럽 나머지, 바닐라 엑스트랙트와 레몬 제스트를 넣고 섞은 후 밀가루 혼합물에 더해 모든 재료를 골고루 섞는다. 반으로 자른 블랙베리도 더한다.

대형 눌음 방지 프라이팬을 중불에 올리고 녹인 버터를 팬에 골고루 바른 후에 반죽을 60ml씩 얹는다. 표면에 작은 기포가 올라오고 가장자리가 바삭해지도록 3분간 굽는다. 팬케이크를 뒤집어 색이 보기 좋게 변하고 가운데 익을 때까지 2~3분 더 굽는다. 먼저 구운 팬케이크는 반죽을 모두 구울 때까지 오븐에 넣어 식지 않도록 두었다가 미리 식혀둔 블랙베리를 넣은 메이플 시럽을 곁들여 바로 내간다.

음료 DRINKS

캘리포니아의 카페에서는 음료도 음식만큼이나 예쁘다. 커피에 들어갈 우유 대신에 두유뿐 아니라 아몬드 밀크, 오트 밀크 그리고 코코넛 밀크까지 다양한 식물성 음료를 선택할 수 있다. 말차나 강황으로 매일 마시는 라테에 건강한 풍미를 더할 수도 있고, 몇몇 카페 진열대에서는 계절 슈러브에 예쁜 색을 더하는 과일 절임을 담은 병들도 볼 수 있다.

그린 셰이크 MORNING GREEN SHAKE

캘리포니아에선 이 셰이크의 이국적인 맛 덕분에 흐린 날이라도 해가 쨍쨍한 해변에 있는 것처럼 느낄 수 있다. 헴프 시드를 넣으면 씹는 맛이 좋아져서 아침 식사 한 끼로도 제 몫을 해낸다.

1인 분량
준비 시간: 냉장고에서 몇 시간 또는 하룻밤
조리 시간: 없음

파인애플 160g, 조각으로 자른 것
망고 160g, 조각으로 자른 것
코코넛 과육 60g
케일 30g, 다진 것
민트잎 8개
코코넛 워터 60ml
플레이크 소금 1자밤
헴프 시드 몇 자밤

원하는 셰이크의 질감에 따라 과일을 전날 밤 냉장칸 또는 냉동칸에 넣어둔다. 과일을 얼려 사용하면 얼음을 넣어 음료를 묽게 만들지 않고도 시원하고 부드러운 셰이크를 얻을 수 있다.

블렌더에 헴프 시드를 제외한 재료를 모두 넣고 농도가 균일해질 때까지 세게 갈아준다. 완성 후 헴프 시드를 뿌려 가볍게 씹는 맛을 더한다.

강황 라테 GOLDEN TURMERIC LATTE

요즘은 시장이나 고급 향신료 가게 또는 전문 상점에서 생강황을 구할 수 있다. 가벼운 꽃향이 가미된 흙내음이 나는 강황은 요리의 양념이나 음료 재료로 다양하게 활용된다.

1인 분량
준비 시간: 3분
+ 차갑게 내갈 경우 식히기 10분
조리 시간: 5분

코코넛 밀크 또는 견과류 음료
(55쪽 참조) 240ml
꿀 2ts
말린 장미 꽃잎 2ts + 장식용 여분
(선택 사항)
신선한 강황 20g, 다진 것
또는 강황가루 1ts
생강 5g, 다진 것
카다멈 1알, 으깬 것
플레이크 소금 1자밤

작은 냄비에 재료를 모두 넣고 아주 약한 불에서 끓인다. 꿀이 녹고 향이 서로 섞일 수 있게 작은 거품기로 저어준다. 5분간 끓이다가 한 번 더 저은 후 잔에 따른다.

차갑게 내가려면 최소 10분간 식혔다가 다시 한번 저어서 얼음을 남은 잔에 붓는나. 필요할 경우 장미 꽃잎으로 장식한다.

말차 라테 MATCHA LATTE

말차는 케이크, 아이스크림 그리고 스무디 등에 많이 쓰이면서 캘리포니아에서는 매우 잘 알려진 식재료가 되었다. 가장 흔하게는 커피를 대신하는 음료 재료로 쓰인다.

1인 분량
준비 시간: 2분
조리 시간: 2분

말찻가루 1½ts
취향에 따라 우유나 코코넛 밀크 또는 식물성 음료 240ml
꿀 또는 금귤 시럽 2ts

말찻가루를 계량컵 또는 작은 그릇에 담고 뜨거운 물 2TS을 더한 후 가루가 완전히 녹을 때까지 거품기로 섞어 큰 잔에 옮겨 담아둔다.

우유(또는 식물성 음료), 꿀(또는 시럽)을 작은 냄비에 담아 1~2분 동안 가열한다. 거품기로 저어가며 꿀을 녹인다. 냄비를 불에서 내린 후 수동 또는 기계 거품기로 30초 정도 우유 거품을 낸다. 차가 담긴 잔에 부어 따뜻하게 내간다.

이 음료는 차갑게도 마실 수 있는데, 말찻가루 녹인 것을 얼음이 담긴 유리잔에 붓고 식혀서 거품을 낸 우유를 그 위에 부어 내가면 된다.

감귤류 CITRUS GROVES

18세기 말, 씨가 없는 네이블 오렌지의 발견으로 캘리포니아는 단숨에 플로리다의 뒤를 이어 세계 제2의 감귤류 산지로 자리매김했다. 이후 주요 산지가 센트럴밸리를 중심으로 한 지역으로 이동하긴 했지만 캘리포니아 남부에는 여전히 다양한 품종의 감귤류를 생산하는 보석 같은 산지들이 자리하고 있다. 뮤리에타 시에 있는 10만㎡ 규모의 가르시아 유기농 농장에서는 33개에 달하는 감귤류 품종을 엄격한 유기농 공법으로 재배하고 있다. 핑거 라임부터 만다린쿼트, 그리고 스위트 라임에 이르기까지 후안과 코코 가르시아가 재배하는 과일들은 지역 셰프들과 전국 과일상들에게 큰 사랑을 받고 있다. 농장의 주인이자 경영인인 후안은 자신들의 과일 품질은 그에 쏟는 사랑의 결실일 뿐이라고 말하지만, 그들의 성공은 아마도 30년간의 경험 그리고 두 명이 손으로만 과일을 수확한다는 사실 덕분일 것이다.

아이스티 ICED TEAS

허브는 아이스티를 다른 차원으로 이끈다. 캘리포니아에서는 재료들이 천천히 우러나게 야외 햇볕에 두었다가 다음날 차를 마시곤 한다. 단맛이 나는 차를 좋아하면, 금귤 시럽을 넣어도 좋다(203쪽 참조).

2L 분량
준비 시간: 5분 + 차를 우리고 차게 식히기 최소 4시간
조리 시간: 10분

레몬그라스 생강 아이스티
LEMONGRASS & GINGER

레몬그라스 3줄기, 3등분해서 가볍게 으깬 것

7.5cm 길이의 생강 1개, 둥글게 슬라이스 한 것

생수 얼음 또는 허브와 꽃 얼음 (215쪽 참조)

바질 또는 태국 바질 한 움큼, 곁들임용

레몬그라스와 생강을 큰 냄비에 넣고 물 2L를 더해 끓인다. 끓기 시작하면 불을 줄여 10분간 더 가열하다가 냄비를 불에서 내려 차를 상온에서 식힌다. 큰 저장용 병이나 그릇에 옮겨 담고 냉장고에 넣어 최소 4시간 또는 하룻밤 동안 우러나도록 한다. 체에 걸러 얼음, 바질과 함께 잔에 담아낸다.

홍차 블랙베리 아이스티
BLACK TEA & BLACKBERRY

블랙베리 300g

취향에 따라 고른 홍차 티백 4개 묶은 것

민트 한 움큼, 곁들임용

생수 얼음 또는 허브와 꽃 얼음 (215쪽 참조)

블랙베리 분량의 절반은 반으로 잘라 아주 커다란 저장용 병에 담는다. 홍차 티백과 물 2L를 더하고 블랙베리를 숟가락으로 가볍게 으깨면서 저어준다. 해가 잘 드는 곳이나 부엌에 병을 최소 4시간 두었다가 냉장고에 넣어 하룻밤 둔다. 다음날 티백을 꺼내고 차는 얼음, 민트 그리고 남은 블랙베리를 곁들여 잔에 담아낸다.

레몬 버베나 아이스티
LEMON VERBENA

레몬 버베나 1묶음

생수 얼음 또는 허브와 꽃 얼음 (215쪽 참조)

레몬 2개, 둥글게 자른 것, 곁들임용

큰 내열 용기나 냄비에 레몬 버베나를 담는다. 끓는 물 2L를 붓고 식힌 후 냉장고에 넣어 최소 4시간에서 하룻밤 동안 차가 우러나도록 한다. 체에 거른 뒤 얼음, 레몬 조각과 함께 잔에 담는다.

견과류 음료 NUT MILK

유제품이 아닌 식물성 음료의 종류는 그 어느 때보다 다양하지만 가게에서 사는 공산품과 집에서 직접 만든 것의 차이는 분명히 존재한다. 한 병 만들어두면 일주일간 차, 커피, 그래놀라와 스무디 볼 등에 다양하게 활용할 수 있다.

700ml 분량
준비 시간: 담가두기 하룻밤
조리 시간: 없음

브라질넛 또는 생아몬드 150g이나
캐슈넛 또는 마카다미아 140g
플레이크 소금 1자밤

큰 그릇에 견과류를 담고 약수나 정수를 5cm 높이까지 부어 하룻밤 담가둔다.

다음날 물을 따라내고 견과류를 씻은 후 블렌더에 넣고 물 700ml를 더한 후 골고루 간다. 그릇 위에 견과류 음료용 거름백을 올려 내용물을 따른다. 전용 거름백을 구할 수 없을 경우 촘촘한 무명천으로 된 망을 세 겹 겹쳐 사용한다. 거름백이나 무명천을 비틀어 최대한 많은 액체를 짜낸다. 짜고 남은 고체는 버리거나 보관했다가 말려서 베이킹용 가루로도 사용할 수도 있다. 견과류 음료는 병입해서 뚜껑을 닫아 냉장고에서 5일까지 보관 가능하다.

강황 라테(47쪽 참조), 비건 판나코타(191쪽 참조) 등에 활용할 수 있고 꿀, 비정제 설탕을 곁들여 차갑거나 미지근하게 음료로 즐길 수도 있다.

주: 해바라기씨나 호박씨 140g로도 이 레시피를 시도해볼 수 있다.

체리 슈러브 CHERRY SHRUB

캘리포니아 과일의 진한 향을 생각해보면, 점점 더 많은 소규모 식당들이 슈러브나 과일 에이드를 직접 제조하는 것은 당연한 일이다. 단맛과 신맛이 행복한 조화를 이루는 홈메이드 슈러브는 칵테일을 만들 때도 요긴하게 쓰인다.

500ml 분량
준비 시간: 10분 + 우려내기 3~5일간
조리 시간: 2분

체리 450g, 씨를 발라낸 것
+ 장식용 여분
세이지 5대
사과사이다식초 240ml
그래뉼당 또는 비정제 황설탕 220g
검은 통후추 5알
플레이크 소금 1자밤
생수 얼음 또는 허브와 꽃 얼음
(215쪽 참조)
탄산수

체리와 세이지를 커다란 저장 용기에 담는다.

작은 냄비에 식초, 설탕, 후추와 소금을 섞은 후 설탕이 녹을 때까지 거품기로 저어가며 2분간 가열한다.

설탕을 녹인 혼합물을 체리에 부은 후 나무 수저로 가볍게 으깬다. 내용물을 완전히 식히고 용기의 뚜껑을 닫는다. 향이 서로 잘 섞이도록 여러 번 흔들어준다. 저장 용기의 뚜껑을 닫고 냉장고에서 3~5일간 보관해 향이 잘 우러나오도록 한다.

체에 걸러낸 뒤, 얼음이 담긴 컵에 슈러브 3TS를 담고 탄산수를 더해 저은 다음 체리로 장식한다.

허브와 꽃 얼음을 사용하면 음료에 미세한 향기를 더할 수 있다. 계절에 따라 다양한 과일과 허브를 사용해 만들어보자. 체에 걸러낸 슈러브는 냉장고에 한 달간 보관할 수 있다.

점심 식사 LUNCH

캘리포니아에서 샐러드는 절대로 홀대받지 않는다. 가장 단순한 샐러드라도 최상급의
재료에 예상치 못한 조리법이 쓰인다. 회사원들은 대체로 좋은 카페, 푸드트럭, 작은
동네 식당에서 점심을 먹는다. 제철 현지 재료가 활용되니 아주 간단한 식사라도
언제나 소박함과는 거리가 멀다. 그레인 볼, 타코, 샐러드를 얼마나 신선하고 다채롭게
만드는지를 볼 수 있다. 물론 '빠르고 가볍게'가 키워드다.

피시 섁 FISH SHACKS

퍼시픽 코스트 하이웨이는 캘리포니아에서 최고의 경관을 자랑하는 도로로 꼽힌다. 도로변 곳곳의 피시 섁(생선 요리를 파는 작은 식당)에서 파는 음식들은 북에서 남으로 내려가며 달라진다. 샌프란시스코에서 멀지 않은 작은 마을 마샬의 호그 아일랜드 오이스터 컴퍼니는 지속 가능한 공법으로 양식하고 채취한 신선한 해산물을 내놓는다. 아름다운 경치를 보며 즉석에서 굴을 시식할 수도 있다. 남쪽으로 내려가면 맛있는 생선튀김 타코들이 나타나기 시작하면서 멕시코 요리의 영향이 점점 강하게 느껴진다.

바하 피시 타코 BAJA FISH TACOS

이 생선튀김 타코는 샌디에이고 주유소의 가판대처럼, 때로는 가장 기대하지 않은 곳에서 최고의 음식을 만나게 될 수도 있다. 해산물이 풍부한 멕시코의 바하 지역에서 영감받은 이 요리는 좋은 반죽과 채소 그리고 괜찮은 토르티야만 있으면 완성할 수 있다.

4인 분량
준비 시간: 15분
조리 시간: 12분

작은 적양파 1개, 얇게 슬라이스한 것
라임 1개, 즙
튀김용 식용유
쏨뱅이 껍질 벗긴 것 또는 다른 흰살 생선 450g
밀가루 250g
베이킹파우더 2TS
옥수수 전분 1TS
큰 달걀 1개
멕시코 흑맥주 350ml
지름 13cm 정도의 옥수수 또는 밀 토르티야 12장
작은 양배추 1/2개, 얇게 채썬 것
래디시 8개, 가늘게 썬 것
생크림 2TS
플레이크 소금, 후추
발효된 핫소스(213쪽 참조, 선택 사항)

양파를 작은 그릇에 담아 라임즙과 섞은 후 음식을 만드는 동안 한번씩 버무린다.

튀김 냄비 또는 바닥이 두꺼운 스튜 냄비에 기름을 넣고 190℃까지 가열한다. 기름 받이 그릇 위에 튀김용 그릴을 얹어 옆에 준비한다.

키친타월로 생선의 물기를 닦고 4등분해 잘라 밑간한다. 밀가루 60g을 접시에 담고 생선 조각에 밀가루를 얇게 입힌 후 가볍게 턴다.

남은 밀가루와 베이킹파우더, 옥수수 전분, 달걀, 맥주, 소금 3ts을 커다란 그릇에 넣어 잘 섞는다. 이 튀김 반죽에 생선을 담갔다가 묻어 있는 반죽을 떨어낸 다음 끓는 기름에 조심해서 넣는다(두 번에 나눠 튀겨도 된다). 색이 나타나면 뒤집어가며 3~4분간 튀기고 불을 조절해가며 튀김 온도를 유지한다. 다 튀긴 생선은 기름 받이 그릇 위에 얹어 가볍게 간한다.

기름기 없는 눌음 방지 프라이팬에 토르티야를 굽는다. 앞뒤로 약 1분씩, 그을린 점들이 생길 때까지 구우면 된다.

양배추와 래디시를 생크림과 함께 그릇에 담고 빠르게 섞어 간한다.

튀긴 생선을 토르티야에 나눠 담고 채소와 양파를 곁들인 후 소량의 핫소스를 뿌려 마무리한다.

BLT 샌드위치 BLT

BLT는 베이컨Bacon, 상추Lettuce 그리고 토마토Tomato의 줄임말이다. 토마토가 제철일 때는 이 재료들보다 나은 조합을 찾기 힘들다.

4인 분량
준비 시간: 5분
조리 시간: 35분

두꺼운 베이컨 12조각(약 510g)
마요네즈 55g
두꺼운 발효빵 8조각(약 1cm 두께)
리틀 젬 레티스 또는 로메인 상추
큰 에어룸 토마토* 2개
플레이크 소금, 후추

*개량하지 않은, 품종의 원형을 그대로 보존한 토마토.

2개의 주철 프라이팬에 각각 베이컨을 겹치지 않게 깐다. 팬을 중불로 가열해서 베이컨을 10~12분간 굽되, 반 정도 익으면 뒤집어준다. 지방이 빠져 바삭한 상태로 보기 좋은 색이 될 때까지 굽는다. 베이컨을 뒤집은 후 팬이 너무 뜨겁게 달궈졌거나 연기가 날 경우 불을 조절한다. 키친타월을 깐 접시에 다 구운 베이컨을 옮겨 담는다.

기름을 버리고 팬을 닦아낸 후 중불에 다시 가열한다. 빵의 양쪽 면에 마요네즈를 얇게 바르고 팬에 올려 굽는다. 여러 개를 한 번에 올려 면마다 5분 정도 앞뒤로 노릇노릇해질 때까지 굽는다. 남은 빵도 똑같이 굽는다.

샌드위치를 쌓기 전에 남은 마요네즈를 구워낸 빵에 바른다. 베이컨 3조각과 상추, 토마토를 빵에 올리고 가볍게 간한 후 빵으로 덮는다. 완성된 샌드위치는 반으로 잘라 내간다.

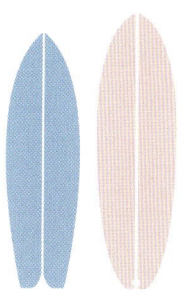

여름 샐러드 SUMMER SALAD

여름이면 시장마다 맛있는 재료들이 넘쳐나 극히 짧은 시간만 들이고도 쉽게 점심 한 끼를 만들어낼 수 있다. 식감과 풍미가 재미있게 어우러지는 샐러드 레시피를 소개한다.

4인 분량
준비 시간: 5분
조리 시간: 1분

엑스트라버진 올리브오일 75ml
아마란스씨 2TS
다양한 크기와 색의 에어룸 토마토 680g
제철 스쿼시 115g
레몬 오이 또는 다른 품종의 제철 오이 115g
피클물 3TS(209쪽 참조)
옥수수 2개, 알만 떼어낸 것
샬롯 1개, 잘게 다진 것
바질 6줄기, 잎으로만
플레이크 소금, 후추

중간 크기의 냄비를 중불에 가열해 올리브오일 1TS을 두르고 아마란스씨를 넣은 후 뚜껑을 덮는다. 팝콘을 튀기듯 냄비를 가끔 흔들어주며 아마란스씨를 약 1분간 튀긴다. 그릇에 담아 한쪽에 둔다.

크기가 큰 토마토는 큼직하게 토막내고 작은 것들은 절반 또는 1/4로 자른다. 오이와 스쿼시는 얇게 썬다. 필요하다면 채칼을 사용해도 좋다.

작은 그릇에 피클물과 남은 올리브오일을 섞은 후 간을 맞춰 드레싱을 만든다.

토마토, 스쿼시 그리고 오이를 큰 접시에 담는다. 가볍게 간하고 옥수수와 샬롯을 흩뿌리듯 얹는다. 다시 간을 하고 드레싱을 뿌린 후 바질잎과 튀긴 아마란스씨를 뿌려 장식한다.

콜리플라워 라이스 볼 CAULIFLOWER RICE BOWL

채소를 쌀알만큼 잘게 조각내 사용하는 것이 흔한 조리법이 되었다. 콜리플라워는 특별한 맛과 향이 없는 데다 식감이 단단해서 원하는 재료를 추가해 먹기에 이상적인 식재료다.

4인 분량
준비 시간: 10분
조리 시간: 없음

작은 콜리플라워 1개(약 1kg)
수제 페스토 115g(207쪽 참조)
훈제 생선 225g, 잘게 부스러뜨린 것
(농어, 고등어 또는 정어리)
셀러리 4줄기, 잘게 썬 것 + 장식용 잎
그린 올리브 115g, 씨를 빼서 다진 것
마르코나 아몬드* 40g, 큼직하게 다진 것
바질잎 작게 한 움큼, 큼직하게 썬 것
플레이크 소금, 후추
작은 레몬 1개, 4등분한 것, 장식용

*주로 스페인의 지중해 연안에서 재배하는 아몬드 품종.

콜리플라워를 푸드 프로세서에 넣고 1분 정도 돌려 쌀알 크기로 다지되 30초가 지나서부터는 날에 붙은 것을 긁어낸다.

다진 콜리플라워를 그릇에 옮겨 담고 페스토 절반을 넣어 골고루 살살 섞고 간한다.

콜리플라워 위에 훈제 생선, 셀러리, 셀러리잎, 올리브, 아몬드, 바질잎과 남은 페스토를 얹은 뒤 레몬으로 장식해 내간다.

채소 덤플링 수프 VEGETABLE DUMPLINGS SOUP

봄 채소를 재료로 해 전통적인 중국 완탕 수프를 더 신선하고 가볍게 만든 덤플링 수프는 일단 익숙해지기만 하면 쉽게 만들 수 있다. 게다가 미리 만들어 얼려두었다 먹기에도 좋다.

4인 분량
준비 시간: 40분
조리 시간: 12분

완두콩 140g, 꼬투리를 벗긴 것
(꼬투리를 벗기지 않았을 때 대략 450g)

누에콩 140g, 꼬투리를 벗긴 것
(꼬투리를 벗기지 않았을 때 대략 450g)

깍지완두 또는 누에콩 꼬투리 125g

부드러운 두부 115g

파 4대, 얇게 썬 것

바질잎 10개 + 장식용 여분

정사각형 완탕피 32장

채소 스톡 또는 본 브로스 1L(197쪽 또는 199쪽 참조)

소금, 플레이크 소금, 백후추

완두콩을 소금으로 간한 끓는 물에 넣고 1분간 데친다. 얼음을 채운 그릇에 거품 국자를 사용해 옮긴다. 완두콩이 식으면 건져서 따로 둔다. 같은 냄비와 얼음 그릇으로 누에콩도 동일한 과정을 거쳐 준비한다. 누에콩이 식으면 콩을 싸고 있는 얇은 껍질을 벗긴 후 버린다.

깍지완두, 두부, 파 3대, 바질잎, 소금 1ts, 후추 1/2ts을 푸드 프로세서로 1분간 갈되 중간에 한 번 멈추고 날에 묻은 것까지 긁어낸다. 데쳐서 식혀둔 완두콩과 누에콩 3/4를 더한 다음 두세 번 더 돌려 다른 재료와 섞이되 완전히 갈리지 않은 상태가 되게 한다.

조리대 위에 완탕피를 얹고 만들어둔 속을 가운데에 2ts씩 얹는다. 완탕피 가장자리를 물로 가볍게 적신 후 공기가 빠져나가도록 눌러주면서 반으로 접은 다음 눌러서 봉한다. 한쪽 끝을 적셔서 다른 쪽 끝에 겹친 후 붙여서 덤플링을 완성한다.

채소 스톡이나 본 브로스를 한번 끓인 후 약불로 줄여 따뜻하게 유지한다. 남겨두었던 완두콩과 누에콩을 넣은 후 간을 하고 뚜껑을 덮는다.

커다란 냄비에 물을 담고 소금을 넣어 끓인다. 만들어둔 덤플링 절반을 넣고 5분간 끓인다. 덤플링이 표면으로 떠오르면 거품 국자를 사용해 대접 2개에 나눠 담는다. 남은 덤플링으로도 같은 과정을 반복한다. 완두콩과 누에콩이 담긴 육수를 덤플링에 붓고 파와 바질잎으로 장식한 후 가볍게 간한다.

그릴에 구운 미트볼과 레티스 랩
GRILLED MEATBALLS WITH LETTUCE WRAPS

베트남에서는 지역마다 아주 다른 방식으로 쌀국수를 먹는다. 신선함 가득한 이 레시피는 그에 착안한 것으로, 구운 고기를 상추와 갖가지 향의 허브로 싸 먹는 버전이다.

4인 분량
준비 시간: 10분
조리 시간: 8분 + 국수 불리기 10분

돼지고기 450g, 간 것
작은 샬롯 1개, 잘게 썬 것
후추 1ts, 소금 1/2ts
피시소스 1TS, 메이플 시럽 2TS
카놀라유 또는 일반 식용유, 미트볼에 바르는 용도

소스
피시소스 2TS, 라임즙 1TS
그래뉼당 2ts
마늘 1쪽, 다진 것
태국 고추 1~2개, 잘게 다진 것
얇게 저민 오이, 래디시, 녹색 망고 또는 그린 파파야

곁들임 재료
쌀국수 115g
리틀 젬 레티스
또는 겨자잎 2개
다양한 허브(태국 바질, 차조기잎, 칠리, 민트 등)

커다란 그릇에 돼지고기, 샬롯, 후추, 소금을 넣고 피시소스와 메이플 시럽을 더한 후 균일한 반죽이 될 때까지 손으로 조심스럽게 섞는다. 테이블스푼보다 약간 작은 크기로 미트볼 20개를 빚어서 살짝 눌러준 다음 따로 둔다.

냄비에 물을 끓인다. 쌀국수를 넣고 불을 끈 후 10분간 불린 다음 물을 따라내고 찬물에 헹군다.

그릴을 중강불로 달군다.

대접에 피시소스, 라임즙, 설탕과 마늘을 넣고 섞어 소스를 준비한다. 이때 거품기로 설탕이 녹을 때까지 저어준다. 물 120ml, 원하는 만큼의 고추, 그리고 얇게 저민 과일과 채소를 더해 완성한다.

미트볼 표면에 기름을 살짝 바른 후 그릴에 3~4분간 굽는다. 미트볼을 뒤집어 다시 3~4분간 구워 속까지 잘 익힌다.

소스, 쌀국수, 레티스와 신선한 허브를 미트볼에 곁들여 내고 재료를 한꺼번에 레티스에 싸서 먹는다.

해초 SEAWEED

간조가 되면 소노마 카운티 해안에서 스트롱 암 농장의 하이디 허먼이 양식하는 거대한 해조류 갯벌이 그 모습을 드러낸다. 하이디는 누구라도 납득시킬 듯한 열정으로 셰프와 고객 그리고 수학여행 온 학생들에게까지 이 흔치 않은 식재료들에 대한 방대한 지식을 전파한다. 커다란 그릇에 물을 담아 해초를 담가두면 수프나 샐러드의 좋은 재료가 된다. 구운 김은 그레인 볼이나 달걀 위에 뿌려 먹으면 기막힌 맛을 자랑한다.

퍼시픽 코스트 수프 PACIFIC COAST SOUP

다시마를 비롯해 감칠맛을 더하는 다른 건재료들을 활용해 다시 육수(일본 요리의 기본이 되는 육수)를 만들어보자. 여러 가지 창의력을 발휘할 수 있는 맑은 육수가 완성된다.

4인 분량
준비 시간: 30분
조리 시간: 1시간 5분

다시마 2장(약 15 x 8cm 크기)
말린 표고버섯 10개
간장 1TS
플레이크 소금 2ts
각종 말린 해초 30g
두부 480g, 4등분한 것
게살 225g
백미 또는 현미 밥
파드득나물 또는 파슬리잎 한 움큼
쪽파 3뿌리, 얇게 저민 것

큰 냄비나 소스팬에 다시마와 버섯을 넣고 물 3L를 붓는다. 20분 정도 불린 후 아주 약한 불로 1/4 정도로 졸아들 때까지 우려낸다. 다시마와 버섯을 꺼내고 간장과 소금으로 간한다.

다시마는 버리고 버섯은 얇게 저미서 다시 냄비에 넣는다. 여기에 말린 해초, 두부와 게살을 더한 후 아주 약한 불로 데운다. 밥을 대접에 조금씩 나눠 담고 국물도 나눠 담은 후 향채소와 쪽파를 올려 완성한다.

선샤인 볼 SUNSHINE BOWL

중국식 죽인 콘지에서 영감을 얻은 음식이다. 캘리포니아의 식당들은 전통적인 재료는 물론이고 예상치 않은 재료까지 사용해 자신들만의 버전으로 위안을 주는 한 그릇을 완성해낸다.

4인 분량
준비 시간: 10분
조리 시간: 45분

돔, 줄무늬 농어 등 부드러운 흰 살 생선 450g, 2.5cm 두께로 자른 것 (껍질은 벗겨서 따로 둘 것)

장립종 쌀로 한 찬밥 390g

2.5cm 크기 생강 1개, 껍질을 벗겨 살짝 으깬 것

큰 달걀 4개

카놀라유 또는 일반 식용유 1TS

파 2뿌리, 얇게 썬 것

셀러리 4줄기와 잎, 다진 것

잣 70g, 구운 것

플레이크 소금, 백후추

생선 살과 껍질에 소금간을 한 후 따로 둔다.

밥을 생강, 소금 2ts과 함께 냄비에 담고 물 2L를 부어 가볍게 끓을 때까지 가열한다. 뚜껑을 일부만 덮고 이따금 저어주며 45분간 약불로 끓여 죽으로 만든다. 필요하다면 중간에 물을 더해가며 끓인다.

작은 냄비에 물을 끓이고 달걀을 넣어 7분간 더 끓인 다음 얼음물에 넣어 식힌 뒤 껍데기를 벗긴다.

프라이팬에 기름을 붓는다. 생선 껍질을 키친타월로 닦아 남은 물기를 제거하고 팬에 올린 후 다른 프라이팬을 그 위에 겹쳐 올려주어, 생선 껍질이 팬 바닥에 골고루 닿을 수 있도록 평평하게 잘 눌러준다. 중불에서 5~6분간 구워 껍질이 보기 좋은 색으로 바싹 익도록 한다. 위에 올린 팬을 치우고 껍질을 뒤집어 3~4분 더 구워 양면을 다 바싹 익힌다. 키친타월을 깐 접시에 옮겨 담고 소금을 뿌린다.

죽이 준비되면 생선 살을 죽 냄비에 넣어 2~3분 끓여 생선 속까지 익힌 다음 4개의 대접에 나눠 담는다. 대접마다 달걀, 파, 셀러리, 잣, 바싹 구운 생선 껍질을 올린 후 간을 해서 내간다.

주: 남은 밥을 처리하는 데 이상적인 레시피다. 남은 밥이 없으면, 쌀 190g으로 밥을 지어 사용한다(117쪽 참조).

스킬릿 채소 볼 SKILLET VEGETABLE BOWL

미소의 감칠맛, 채소와 허브의 단맛, 밥의 고소함, 아보카도의 부드러움 그리고 플레이크 소금의 반짝임까지 맛의 다양한 스펙트럼을 한 그릇에 담아낸 레시피.

4인 분량
준비 시간: 10분
조리 시간: 35분

현미 190g, 씻어서 물을 뺀 것
백미소 75g
간장 1TS
마늘 1쪽, 다진 것
엑스트라버진 올리브오일 2TS
다양한 색의 작은 당근 225g, 껍질 벗긴 것
작은 순무 225g, 껍질 벗긴 것
작은 아보카도 2개, 씨를 빼고 2등분한 것
파드득나물 또는 파슬리잎 1/2단
깨소금 또는 후리카케
플레이크 소금, 후추

현미는 작은 냄비에 담아서 깨끗하게 씻은 다음 물을 따라낸다. 냄비에 360ml의 물과 함께 다시 부어 끓인다. 끓어오르면 뚜껑을 덮고 중약불로 줄여 35분간 더 익힌다. 쌀알이 물을 완전히 흡수해서 부드러워질 때까지 익힌 뒤 불을 끄고 5분 정도 뜸을 들인다. 전기밥솥을 이용해도 좋다.

밥이 익는 동안 작은 대접에 미소, 물 60ml, 간장, 마늘을 넣고 섞어 따로 둔다.

주철로 된 큰 스킬릿을 중강불로 가열한다. 올리브오일을 두르고 당근과 순무를 5~8분간 볶는다. 이때 균일한 색으로 익을 수 있도록 중간중간 뒤적인다. 여기에 미소 소스를 붓고 중불로 줄인 후 10분간 더 익힌다. 이때도 때때로 저어가며 채소에 소스가 골고루 묻도록 하고 부드러우면서도 살짝 캐러멜화될 수 있도록 한다.

채소를 밥과 아보카도, 파드득나물이나 파슬리잎과 함께 담아내고 플레이크 소금, 후추, 깨소금 또는 후리카케를 듬뿍 뿌린다.

캘리포니아 참치 볼 CALIFORNIA TUNA BOWL

신선한 생선과 채소만 있으면 쉽게 만들 수 있는 하와이식 포케 볼*의 캘리포니아 버전이다. 계절에 따라 생선을 제철 해산물로, 채소 역시 다른 제철 채소로 대체할 수 있다.

4인 분량
준비 시간: 15분 + 식히기 10분
조리 시간: 20분

퀴노아 190g
볶은 참깨로 만든 참기름** 2TS
엑스트라버진 올리브오일 2TS
간장 1TS
레몬 2개, 제스트 + 즙
참치회 450g, 깍둑썰기한 것
깍지완두, 브로콜리니 또는 아스파라거스 등 샐러드 채소 280g, 조각으로 자른 것
루콜라, 완두콩잎 또는 시금치잎 등 어린 잎채소 100g
미니 오이 1개, 얇게 썬 것
래디시 6개, 얇게 썬 것
당근 피클 140g, 어슷썰기한 것 (209쪽 참조)
호박씨 40g, 구운 것
플레이크 소금, 후추
참깨 2TS

퀴노아를 작은 팬에 넣고 뒤적이며 3~5분간 굽는다. 물 350ml를 붓고 가볍게 끓어오를 때까지 가열한다. 뚜껑을 덮고 중약불로 줄인 후 13~15분 더 익혀 물이 완전히 졸아들도록 한다. 불을 끄고 뚜껑을 덮은 채로 5분간 뜸들인다. 포크로 뒤섞은 후 10분간 식힌다.

소스를 준비한다. 작은 그릇에 참기름, 올리브오일, 간장을 담고 레몬 제스트와 레몬즙, 소금과 후추 각 1/2ts을 더해 거품기로 섞는다.

대접 4개에 퀴노아, 참치회, 샐러드 채소, 오이, 래디시, 당근 피클과 잎채소 그리고 호박씨를 나눠 담고 가볍게 간을 한 다음 소스와 참깨를 흩뿌려 완성한다.

---

*깍둑썰기해서 양념에 절인 날생선 살을 밥과 채소와 함께 볼에 담아 먹는 하와이 요리.

**한국산 참기름은 모두 볶은 참깨를 압착해서 만들지만, 그러지 않은 참기름도 있다. 예를 들어, 일본산 참기름은 깨를 쪄서 만들기 때문에 고소한 맛과 향이 덜하다.

새우 봄 샐러드 SPRING PRAWN SALAD

봄은 이 레시피에 들어가는 샌타바버라 리지백 새우의 살짝 단맛이 나는 살처럼 다채로운 맛과 섬세한 식감을 불러오는 계절이다. 살에 단맛이 도는 자연산 새우라면 대체해도 무방하다.

4인 분량
준비 시간: 5분
조리 시간: 10분

아스파라거스 1단
파 3뿌리
생월계수잎 3장
통후추 8알
껍질을 벗기고 내장을 제거한 새우 또는 작은 생새우 450g
깍지완두 180g
완두콩잎 150g, 단단한 부분은 제거한 것
아보카도 그린 가데스 소스 120ml, 희석한 것(211쪽 참조)
피스타치오 60g, 굵게 다진 것
플레이크 소금, 후추

냄비에 물을 붓고 소금을 뿌려 끓이고 따로 얼음 그릇을 준비한다. 끓인 물에 아스파라거스를 1분간 담근 뒤 밝은 녹색을 띠면 건져 얼음 그릇에 담가 식힌 다음 물기를 뺀다.

파, 월계수잎, 통후추를 아스파라거스를 데친 물에 넣고 가열한다. 물이 끓으면 새우를 넣고 뚜껑을 덮은 후 불을 끈다. 8~10분 정도 새우가 딱 익을 정도로만 그대로 둔다. 물을 따라내고 향신료를 건져 버린다. 아보카도 그린 가데스 소스 2TS을 새우에 더해 섞은 후 식힌다.

깍지완두와 완두콩잎을 커다란 그릇에 담고 남은 소스의 절반을 더해 간한 후 재빠르게 섞는다.

아스파라거스에 간한 후 새우, 완두콩, 완두콩잎을 곁들이고 피스타치오와 남은 소스를 모두 흩뿌려 완성한다.

폭스바겐 밴 THE VW VAN

서핑 커뮤니티와 캘리포니아 스타일의 상징인 폭스바겐 밴, 특히 멋진 파도를 쫓는 서퍼들의 노마드 라이프 스타일에 맞는 모델들을 현지인들은 오랫동안 사랑해왔다. 해변의 밤을 위한 취침 공간이나 길에서도 집밥 조리를 가능케 하는 작은 부엌을 갖춘 폭스바겐 콤비만 한 게 있을까. 아침이면 그린 셰이크를 만들고, 떠오르는 해와 함께 서핑을 즐긴 후 아침 식사를 준비하기에 이보다 더 완벽한 공간은 없을 것이다.

할리우드 샐러드 HOLLYWOOD SALAD

할리우드의 한 식당에서 탄생한 콥샐러드에서 영감을 받은 레시피다. 베이컨 대신 사용한 튀긴 닭껍질로 바삭바삭하고 짠맛을 유지하면서도 식재료 낭비를 줄이는 효과까지 볼 수 있다.

4인 분량
준비 시간: 10분
조리 시간: 40분

닭다리 3개(약 450g, 껍질은 벗겨 따로 둘 것)
엑스트라버진 올리브오일 60ml
큰 달걀 2개
쌀식초 2TS
차이브* 1뿌리, 잘게 썬 것(가능하면 꽃까지)
리틀 젬 레티스 3개, 잎을 분리한 것
다양한 크기의 방울토마토 250g (큰 것은 2등분)
아보카도 1개, 씨를 빼고 얇게 썬 것
블루치즈 55g, 잘게 부스러뜨린 것
플레이크 소금, 후추

*부추와 비슷하게 생겼지만 부추만큼 마늘향이 나지 않는다. 보라색 차이브꽃은 식용으로 쓰인다.

오븐을 190°C로 예열한다.

닭다릿살과 껍질의 물기를 꼼꼼히 제거해 말린 후 골고루 소금과 후추로 간한다. 가열하지 않은 프라이팬에 올리브오일 1TS을 두르고 닭껍질을 평평하게 올린 뒤 그 위에 다른 팬을 얹는다. 팬 바닥이 닭껍질에 하중을 골고루 전달할 수 있도록 한다. 껍질이 바삭하고 보기 좋은 색으로 변할 때까지 중불에서 5~6분 정도 굽는다. 위에 얹은 팬을 치우고 닭껍질을 뒤집어 3~4분 정도 더 구워 양면이 모두 바삭해지도록 한다. 키친타월을 깐 접시에 담아 따로 둔다. 닭다릿살은 껍질을 구운 팬에 얹어 예열된 오븐에 넣는다. 이때 뼈 부분이 아래로 가게 하고 15~20분 구워 살이 잘 익도록 한다. 잠시 식혔다가 자른다.

작은 냄비에 물을 넣고 끓어오르면 달걀을 넣어 10분간 더 끓인다. 달걀은 얼음 그릇에 식혀서 껍데기를 벗긴 후 강판에 간다.

작은 대접에 올리브오일, 식초와 준비한 차이브의 반을 넣고 거품기로 섞어 간한다.

커다란 그릇에 레티스잎을 담고 준비한 올리브오일 드레싱의 반을 부어 섞는다. 레티스 잎은 개인 접시에 나눠 담거나 커다란 서빙용 접시에 한꺼번에 담는다. 잘라둔 닭고기, 토마토, 아보카도, 치즈 그리고 달걀을 얹고 드레싱 1TS을 뿌린다. 그 위에 닭껍질을 잘라 올리고 차이브와, 차이브꽃이 있다면 꽃까지 흩뿌린다. 원하는 만큼 드레싱을 더 뿌려 완성한다.

양배추 샐러드 SHAVED BRASSICA SALAD

이 겨울 레시피는 한창 제철, 아직 어린 잎의 방울양배추와 로마네스코 브로콜리*의 맛을 한층 더 돋운다. 아주 잘게 썰어 소스를 듬뿍 묻혔지만 아삭한 식감은 그대로 살아 있다.

4인 분량
준비 시간: 10분
조리 시간: 8분

잣 3TS
참깨 1½ts
고수씨 1½ts
커민씨 1½ts
작은 로마네스코 브로콜리 1개
방울양배추 225g
브로콜리니 1다발
그린 올리브 90g, 씨를 뺀 것
레몬 1개, 제스트 + 즙
마저럼** 3줄기, 잎을 따로 뗀 것
앤초비 필레 3조각
고추 플레이크 1ts
엑스트라버진 올리브오일 120ml
레몬 절임 1/2개, 씻어서 잘게 다진 것
(217쪽 참조)
플레이크 소금, 후추
파르메산치즈, 간 것

*브로콜리, 콜리플라워와 비슷한 식감의 연두색 채소. 프랙털 모양이 특이하다.
**예전에는 약재로 쓰였고, 요즘에는 향신료로 쓰이는 허브. 오레가노가 가장 비슷하다.

작은 팬에 잣을 넣고 중약불로 향이 날 때까지 볶는다. 참깨, 고수씨와 커민씨를 더해 노릇해질 때까지 3분간 더 볶는다. 팬을 불에서 내린 후 내용물을 큼직하게 다지거나 절구에 빻는다.

로마네스코 브로콜리는 4등분한 후 채칼을 이용해 잘게 썬다. 방울양배추도 똑같이 채칼로 썰어둔다. 브로콜리니는 2.5cm 정도 크기로 썬다. 채소를 모두 커다란 대접에 담는다.

올리브, 레몬 제스트와 레몬즙, 마저럼, 앤초비와 고추 플레이크를 푸드 프로세서에 한꺼번에 넣고 올리브오일을 넣어가며 골고루 갈아준다. 가끔 멈추고 가장자리에 묻은 것까지 긁어내린다. 완성된 드레싱을 채소 위에 붓고 레몬 절임을 더해 드레싱이 채소에 골고루 묻도록 조심스레 섞은 후 가볍게 간한다.

밑이 약간 깊은 그릇 4개에 샐러드를 나눠 담고 파르메산치즈와 다져둔 잣 혼합물을 흩뿌려 완성한다.

완두콩 민트 수프 SPRING GREENS SOUP

돌아온 봄처럼 생기 넘치지만 조리법은 한없이 간단한 완두콩 민트 수프. 따뜻하게 먹으면 위로를, 차갑게 먹으면 신선함을 맛볼 수 있다.

4인 분량
준비 시간: 20분
조리 시간: 1시간 5분

완두콩 1.8kg(껍질은 따로 둘 것)
작은 리크 2뿌리(230g), 흰 부분과 옅은 녹색 부분을 다진 것
민트 1/2단(40g, 잎은 반 정도만 뗄 것)
플레이크 소금, 백후추

곁들임 재료
스프링그린*, 완두콩, 식용 꽃 등 다진 것 125g(날로 또는 데쳐서)
헴프 시드 40g

*야생 양배추의 한 품종으로, 케일과 비슷하다.

커다란 팬에 완두콩 껍질과 다진 리크를 담는다. 물 2L와 소금 2ts을 넣고 때때로 저어가며 끓인다. 한번 끓어오르면 중불로 줄여 물이 절반으로 줄어들 때까지 1시간 더 끓인다. 불을 끄고 민트의 반을 팬에 넣은 후 5분간 둔다. 채수가 완성되면 따라내 따로 둔다. 닦아낸 팬에 채수 710ml를 붓고 완두콩을 넣은 다음 3분간 끓인다. 완두콩이 밝은 색으로 변하고 부드러워지면 남은 민트 잎을 넣어 막대형 블렌더나 믹서에 넣고 골고루 갈아준다. 소금, 후추로 간한다.

스프링그린, 완두콩, 식용 꽃, 헴프 시드 등을 얹어 차게 또는 뜨겁게 내간다. 차갑게 내갈 경우 남은 채수를 더해서 좀 더 묽게 한다.

주: 완두콩 철이 아닐 때는 냉동 완두콩을 사용해도 좋다. 풍미를 더하고 싶다면 완두콩 껍질 대신 향신료(타임, 월계수, 쪽파 등)를 사용하거나 채소 스톡 레시피(197쪽 참조)를 활용하면 된다.

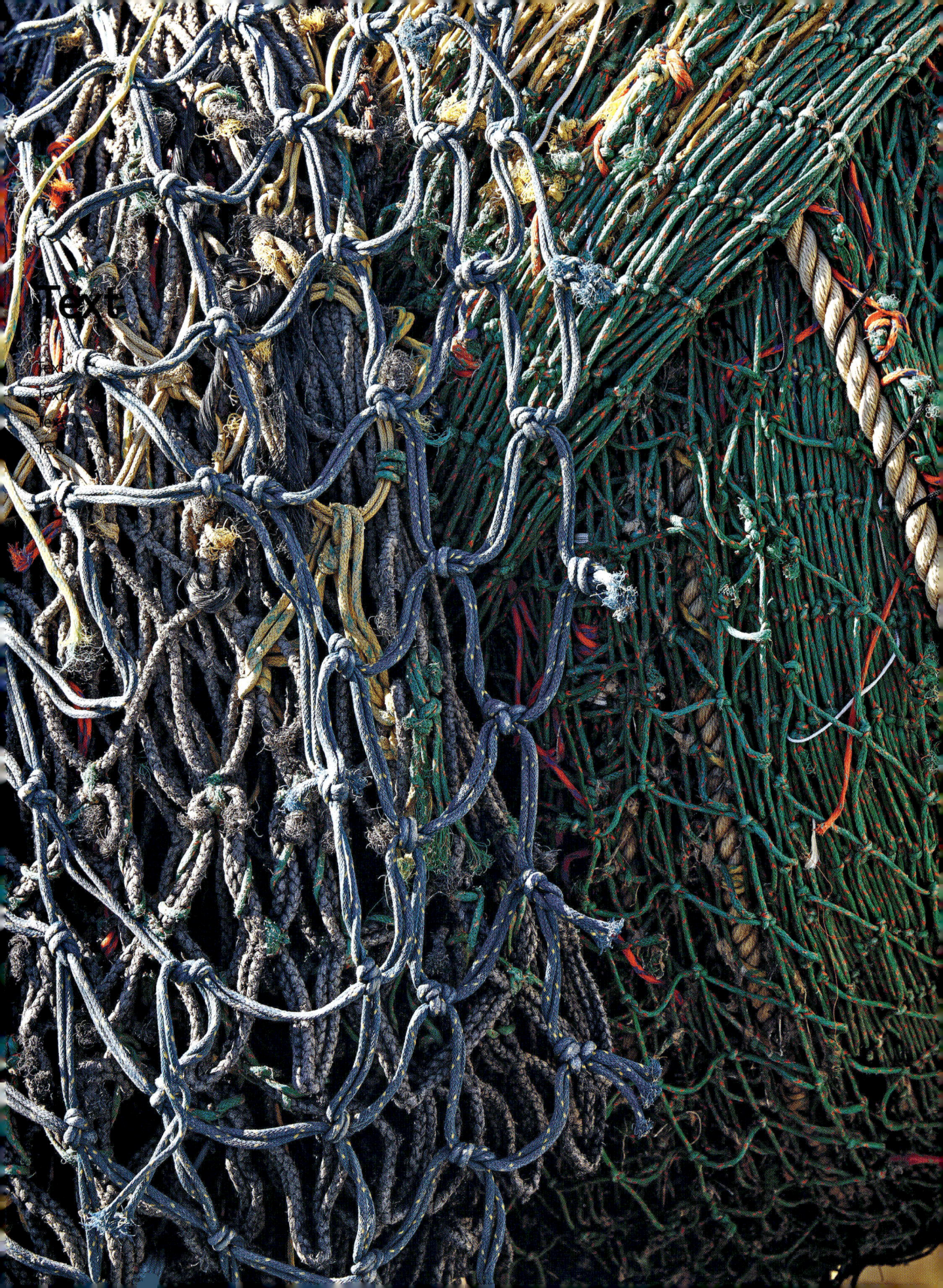

채소 크런치 랩 CRUNCHY WRAPS

많은 나라에서 '랩'이라고 하면 피타, 토르티아, 라바시 등의 납작한 빵을 연상한다. 캘리포니아식으로 재해석한 랩은 녹색 잎채소와 시장의 신선한 채소들을 사용한 것이다. 도시락 싸기에도 좋아서 간편한 점심 메뉴로 완벽하다.

4인 분량
준비 시간: 10분
조리 시간: 35분

현미 190g
큰 스프링그린 또는 녹색양배추 8장
(약 250g)
샬롯이 들어간 비트 피클 240g
+ 피클물 1TS(209쪽 참조)
엑스트라버진 올리브오일 2TS
아보카도 2개, 씨를 빼고 2등분한 것
타히니(참깨 퓨레)소스 1TS
닭 살코기 반 마리(약 250g), 구운 것
바질잎 24개
새싹 채소 80g
플레이크 소금, 후추

쌀을 깨끗하게 씻은 다음 물을 따라내고 냄비에 360ml의 물과 함께 넣어 끓인다. 한번 끓어오르면 중불로 줄이고 뚜껑을 덮어 35분간 더 끓여 쌀알이 물을 완전히 흡수해 부드러워지도록 한다. 불을 끄고 5분간 뜸들인다.

스프링그린 또는 녹색양배추 잎을 조리대 위에 깔되 심이 있는 부분을 위로 가게 한다. 과도를 이용해 가운데에 둥그스름하게 튀어나온 심 부분을 잘라낸다. 이렇게 하면 쉽게 말 수 있다. 나머지 잎들도 모두 같은 과정을 반복한다. 소금을 넣어 끓인 물에 잎을 넣어 10초간 데쳐 심 부분을 부드럽게 만든 후 얼음물에 담근다. 물을 따라낸 뒤 키친타월 위에 올려 남은 물기까지 닦는다.

작은 그릇에 피클물과 올리브오일 1TS을 담고 소금과 후추 각 1/2ts을 넣은 후 거품기로 섞어 밥 위에 뿌려 골고루 섞는다.

아보카도를 그릇에 담고 타히니소스와 소금 1/2ts을 넣은 후 포크로 골고루 으깬다. 타히니소스가 되직하면 남은 올리브오일을 더해 섞는다.

스프링그린 또는 녹색양배추 잎 1장을 제일 긴 쪽이 몸 방향으로 오도록 깐다. 잎의 중앙에 아보카도 퓨레 1ts을 얹는다. 이때 양쪽으로 5cm씩 공간이 남도록 한다. 이어서 현미밥, 비트 피클, 닭고기, 바질 잎, 싹 채소 순서로 재료를 모두 1ts씩 올린다. 간을 한 후 김밥처럼 잎을 말다가 양끝을 안으로 접고 끝까지 말아준다. 남은 잎도 동일한 과정을 반복한 후 한 사람당 랩 2개씩 내간다.

간단 식사 SMALL BITES

해변 소풍부터 계곡 산책까지 야외에서의 식사가 자연스러운 캘리포니아의
라이프 스타일에는 가벼운 식사가 특히 잘 맞는다. 방어가 들어간 아과칠레부터
레몬을 곁들인 부라타치즈까지 싸가기도 쉽고 나눠 먹기도 좋은 이 레시피들은
별빛 아래의 다정한 소풍, 가든 파티, 공원 모임 등 어느 야외 행사에서든
그 존재감을 발휘한다.

파머스 마켓 FARMERS' MARKETS

생산자들이 직접 나오는 캘리포니아의 시장은 영감의 원천이다. 봄이면 맛이 풍부해지는 어린 잎채소들을 다 먹을 수 있고 누에콩은 매우 부드러워서 꼬투리부터 알까지 남김없이 먹을 수 있다. 여름이면 시장에 멜론, 체리, 복숭아, 살구와 산딸기가 넘쳐나고 갖가지 색의 꼬투리 속에 든 햇강낭콩이 눈까지 즐겁게 한다. 생강과 겨자잎은 가을이 제철이고 감귤류와 호박류는 초겨울의 판매대를 더욱 풍성하게 만들어준다.

캘리포니아 바 CALIFORNIA BARS

하루 종일 에너지를 제공해주는 바. 견과류와 말린 과일은 원하는 대로 다양하게 선택하면 된다. 낱개로 잘라 어디에 가든 가져가도록 하자.

6~8인 분량
준비 시간: 5분
조리 시간: 30분

대추야자 10개, 씨를 뺀 것
아몬드 150g, 큼직하게 다진 것
귀리 플레이크 120g
헴프 시드 80g, 껍질 벗긴 것
황금색 아마씨 60g
참깨 3TS
코코넛오일 110g
메이플 시럽 80g
딸기, 감, 건포도 등 말린 과일 300g, 먹기 좋은 크기로 자른 것
플레이크 소금 1ts

오븐은 180℃로 예열한다.

작은 내열 용기에 대추야자를 넣고 따뜻한 물을 더해 부드러워지게 10분 정도 둔다.

가로세로 20cm의 베이킹 틀에 유산지를 깔고 옆에 둔다.

오븐팬 위에 아몬드, 귀리, 헴프 시드, 아마씨 그리고 참깨를 담아 색이 노릇해질 때까지 오븐에 20분간 굽는다. 10분 정도 경과했을 때 뒤적여 섞는다. 오븐팬을 오븐에서 꺼내 식힌다.

재료가 식는 동안 작은 냄비에 코코넛오일과 메이플 시럽을 붓고 중약불에서 거품기로 저어가며 기름과 시럽이 잘 섞일 때까지 가열한다. 몇 분간 식혔다가 고속 블렌더에 옮겨 담는다. 대추야자는 물기를 잘 제거한 후에 블렌더에 넣어 부드럽고 균일한 질감이 될 때까지 갈아서 커다란 그릇에 옮겨 담는다.

여기에 견과류 혼합물과 말린 과일, 소금을 더한 후 조심스레 섞어 준비해둔 베이킹 틀에 평평하게 눌러 담는다. 완전히 식으면 틀에서 꺼내 자른다. 이렇게 만든 바는 밀폐 용기에 일주일 정도 보관할 수 있다.

시트러스 샐러드 CITRUS SALAD

매년 손꼽아 기다리게 되는 감귤류. 사람을 취하게 만드는 향의 꽃이 지고 나면 나무마다 주체할 수 없을 정도로 많은 열매가 열린다. 감귤류의 다양한 풍미가 담긴 샐러드 레시피를 소개한다.

4인 분량
준비 시간: 15분
조리 시간: 없음

작은 포멜로 1개
자몽 1개
네이블 오렌지, 카라카라 오렌지 또는 블러드 오렌지 2개
셀러리 1줄기와 미리 잘라놓은 잎
밀감 2개, 껍질을 벗겨 썬 것
금귤 8개, 얇게 썬 것
엑스트라버진 올리브오일
피스타치오 60g, 껍데기를 벗겨 다진 것
플레이크 소금

포멜로는 먼저 겉껍질을 벗긴 후 안쪽의 하얀 부분을 제거하고 4등분한다. 칼을 이용해 막을 벗겨내고 과육을 꺼낸다. 4조각 모두 동일한 과정을 반복한다.

자몽은 꼭지를 잘라내 세운 다음 칼을 써서 위에서 아래 방향으로 곡선을 따라 껍질과 하얀 부분을 제거해 과육이 드러나도록 한다. 껍질을 제거한 자몽을 가로로 얇게 자르고 이때 흐르는 즙은 따로 담아둔다. 오렌지도 같은 방법으로 손질한다.

셀러리 줄기는 필러나 채칼을 써서 얇은 띠처럼 자른 후 다시 한입 크기의 작은 조각으로 자른다. 감귤류 즙이 담긴 그릇에 셀러리 줄기와 잎을 함께 담은 후 올리브오일을 가볍게 두르고 재빠르게 섞는다.

내기 직전에 감귤류를 큰 서빙용 접시나 개별 접시에 담고 셀러리, 피스타치오 그리고 소금을 몇 자밤 뿌려 완성한다.

타코 TACOS

캘리포니아에 타코 가게는 트럭이건 노점이건 널려 있지만 그렇다고 맛까지 흔한 건 아니다. 저마다 구별되는 특별한 맛을 자랑하는 각 동네의 가게들 앞에는 타코 알 파스토르와 바삭한 토르티야 또는 해산물 토스타다를 맛보려는 이들이 밤낮으로 길게 줄을 서 있다. 가장 흔한 것은 두 장의 부드러운 옥수수 토르티야 위에 고기를 얹은 것으로, 고객이 원하는 대로 핫소스, 라임, 할라페뇨, 양파, 고수 또는 래디시 등의 부재료나 양념을 추가해 먹을 수 있다.

여름 과카몰레와 칩 SUMMER GUACAMOLE & CHIPS

과카몰레는 순식간에 쉽게 완성할 수 있으면서 칩, 크래커, 빵, 샐러드 채소 등 어떤 것에도 곁들여 먹을 수 있는 음식이다. 익히지 않은 옥수수알이 가벼운 단맛을, 호박씨가 아삭함을 더한다.

4인 분량
준비 시간: 5분
조리 시간: 없음

라임 1개, 즙
마늘 1쪽, 다진 것
아보카도 2개, 씨를 빼고 깍둑썰기한 것
옥수수 1대, 잎을 제거하고 낱알로 분리한 것
방울토마토 125g, 크기에 따라 2등분 또는 4등분한 것
쪽파 2뿌리, 잘게 다진 것
호박씨 40g, 구운 것
작은 할라페뇨 고추 1개, 얇게 썬 것
플레이크 소금, 후추
토르티야 칩, 곁들임용

대접에 라임즙과 마늘을 담고 섞는다. 아보카도, 옥수수, 토마토를 넣고 쪽파, 호박씨, 할라페뇨는 절반씩 더한 후 소금과 후추로 간을 해 재빠르게 섞는다.

서빙 전에 과카몰레 위에 남은 쪽파, 호박씨와 할라페뇨를 뿌린다. 토르티야 칩을 곁들여 먹는다.

아과칠레 AGUACHILE

LA에는 해산물 타코를 전문으로 하는 푸드 트럭이 있는데 여기서는 특별히 매운 아과칠레를 판다. 아과칠레는 문자 그대로 '고추 물' 이라는 뜻이다. 본인의 입맛에 맞는 맵기의 고추를 선택하도록 하자.

4~6인분
준비 시간: 10분
조리 시간: 없음

녹색토마토 1개(280g), 다진 것
오이 2개, 아주 얇게 썬 것
샬롯 2개, 아주 얇게 썬 것
아바네로 고추 1/2개, 씨를 뺀 것
생강 1TS, 다진 것
라임즙 60ml
다양한 색의 작은 래디시 10개, 아주 얇게 썬 것
방어, 광어, 붉은돔 등 횟감용 생선 340g, 껍질은 제거하고 중간 크기로 깍둑썰기한 것
엑스트라버진 올리브오일
플레이크 소금, 후추
고수 잎과 꽃, 장식용
구운 옥수수 토르티야 또는 크래커, 곁들임용

토마토, 오이의 절반, 샬롯의 절반, 아바네로 고추, 생강과 라임즙을 믹서에 넣고 1분간 골고루 갈아 소금과 후추로 간한다.

서빙용 접시 위에 래디시와 남은 오이 그리고 생선을 담는다. 가볍게 간한 후 완성된 아과칠레를 생선과 채소 위에 붓는다. 남은 샬롯을 그 위에 흩뿌리고 올리브오일을 뿌린다. 고수로 장식해 기호에 따라 토르티야 또는 크래커와 곁들여 내간다.

레몬을 곁들인 부라타치즈와 플랫브레드

LEMONY BURRATA FLATBREAD

중동풍 음식 역시 캘리포니아 요리에서 한자리를 차지하고 있다. 향신료와 풍미가 강한 재료들의 조합이 부라타의 부드러움과 완벽한 균형을 이룬다.

4인 분량
준비 시간: 5분
조리 시간: 없음

부라타치즈 280g, 손으로 큼직하게 자른 것
플랫브레드 4조각, 구운 것
레몬 절임 1/2개, 헹궈서 껍질을 얇게 썬 것(217쪽 참조)
대추야자 4개, 씨를 바르고 얇게 썬 것
피스타치오 60g, 다진 것
우드 소렐* 한 움큼
자타르** 1/2ts
플레이크 소금, 후추
꿀, 곁들임용

*클로버처럼 생긴 식용 야생초. 감귤류처럼 상큼하고 톡 쏘는 맛이 나며, 꽃도 먹을 수 있다.
**여러 가지 허브와 향신료를 결합해 만든 중동 지역의 향신료.

부라타치즈를 플랫브레드 조각 위에 얹는다. 레몬 절임, 대추야자, 피스타치오와 우드 소렐을 뿌리듯 얹고 자타르를 끼얹은 후 가볍게 간한다. 내가기 직전에 꿀을 흩뿌려 완성한다.

누에콩 후무스 BROAD BEAN HUMMUS

전통적인 후무스*의 아름다운 변주로, 흰 강낭콩, 캐슈넛 또는 비트, 타히니소스 등 시장에서 구입한 다른 재료들로 대체해서 만들 수도 있다.

4~6인 분량(약 450g)
준비 시간: 25분
조리 시간: 3분

신선한 누에콩 1.6kg(꼬투리 포함)
레몬 1개, 제스트 + 즙
호박씨 40g
쪽파 1뿌리, 흰 부분과 녹색 부분을 분리해 다진 것
엑스트라버진 올리브오일 4TS
플레이크 소금
크래커 또는 샐러드용 채소

*병아리콩으로 만든 디핑 소스. 중동에서 즐겨 먹는다.

누에콩의 꼬투리를 깐다. 작은 냄비에 물을 끓인다. 얼음물을 미리 준비해놓고 누에콩을 끓는 물에 넣어 1~2분 정도 데쳐 살짝 부드럽게 익힌다. 거품 국자를 이용해 누에콩을 얼음물 그릇으로 옮기고 식으면 껍질을 벗겨 콩만 남기고 버린다.

푸드 프로세서에 누에콩, 레몬 제스트, 레몬즙 1TS, 물 1TS, 소금 1/2ts, 호박씨 2TS, 쪽파 흰 부분과 올리브오일 2TS을 넣어 골고루 섞일 때까지 간다. 가장자리에 묻은 것들을 긁어내가며 섞는다. 농도 조절을 위해 물 1TS을 추가해도 좋다. 서빙용 그릇에 담는다.

작은 팬에 올리브오일 2TS을 두르고 달궈지면 남은 호박씨와 쪽파 녹색 부분을 넣고 팬을 돌려가며 섞는다. 잠깐 식혔다가 후무스 위에 뿌린다. 가볍게 간을 하고 크래커나 채소를 곁들여 내간다.

캘리포니아 롤 CALIFORNIA HAND ROLLS

원뿔 대신 기둥 모양으로 롤을 말아 처음부터 끝까지 동일한 재료들을 음미할 수 있다. 생선 가게에서 구입한 어떤 종류의 게살로도 가능한 레시피.

4인 분량
준비 시간: 15분
조리 시간: 15분

스시용 쌀 190g
쌀식초 1TS
그래뉼당 1TS
소금 1½ts
큰 김 6장(30g 묶음), 구운 것
게살 340g, 익힌 것
작은 막대 크기의 오이 2개
아보카도 1개, 씨를 발라내고 12조각으로 얇게 썬 것
새싹 채소 40g
깨소금, 장식용
간장
와사비
레몬 1/4조각

쌀을 깨끗하게 씻어 물을 따라내고 작은 냄비에 240ml의 물과 함께 밥을 앉힌다. 끓어오르면 뚜껑을 덮고 약불로 줄여 10분간 더 끓여 쌀이 물을 완전히 흡수해 부드러워질 때까지 익힌다. 냄비를 불에서 내리고 뚜껑을 덮은 채로 5분간 뜸을 들이고 얕고 큰 그릇에 밥을 옮겨 담는다.

중약불에 작은 냄비를 얹고 쌀식초, 설탕과 소금을 부어 1~2분 끓여 설탕과 소금을 완전히 녹인 다음 밥 위에 붓고 나무 주걱으로 섞는다. 몇 분간 식힌다.

김은 반으로 잘라 짧은 쪽이 몸을 향하게 놓는다. 손에 물을 바른다. 최대한 빠르게 김의 2/3 정도 너비에 밥을 얇게 펴 올린다. 밥 가운데 가로로 나란히 게살 1TS, 오이 5줄, 아보카도 한 조각과 새싹 채소를 올린다. 깨소금을 뿌리고 김을 아래에서부터 굴려 말아준다. 바로 먹거나 김의 끝에 물을 묻혀 봉한다. 남은 재료로 똑같은 과정을 반복해 다 싼 후에 간장, 와사비 그리고 레몬과 함께 낸다.

주: 바삭한 식감을 더하고 싶다면 김을 한두 번 정도 직화에 그을려서 사용한다.

포도밭 VINEYARDS

파소 로블레스, 멘도시노, 샌타크루즈 마운틴을 캘리포니아에서 가장 아름다운 포도 재배지라고 하지만 나파 밸리와 소노마 밸리만큼 유명한 곳은 없다. 주말 와인 탐방길의 이상적인 목적지가 되어줄 이 지역 중에서도 소노마 밸리에 위치한 마리아니 형제의 와이너리는 특히 돋보인다. 이들이 운영하는 스크라이브 와이너리의 농장, 음식, 와인 그리고 그릇들까지도 대지에 바치는 헌사인 동시에 캘리포니아 특유의 차분한 분위기를 잘 담아내고 있다. 애덤과 앤드루 형제는 이 지역 지배 품종인 피노 누아르가 아닌 리슬링, 질바너와 생 로랑 품종을 재배하고 있다. 그들의 여동생이자 요리사인 켈리는 직접 재배한 재료들을 이용해 이 농장에서만 맛볼 수 있는 요리들로 메뉴를 채워가고 있다. 스크라이브 와이너리야말로 캘리포니아의 아름다움과 캘리포니아 사람들의 소박함을 완벽하게 보여주는 곳이다.

피크닉 플래터 PICNIC PLATTER

캘리포니아 사람들은 해변을 사랑한다. 제철이 되면 퍼시픽 코스트 하이웨이는 거대한 주차장으로 변한다. 일단 자리를 발견하면 절대 빼앗길 수 없다. 아름다운 여름날을 만끽하기 위해 쿨러에 이 플래터를 채워 해변으로 피크닉을 떠나보자.

8~10인 분량
준비 시간: 5분
조리 시간: 없음

3종류의 치즈:
경성, 반경성, 연성 치즈(과일 맛, 단맛, 독특한 맛)

3종류의 샤르퀴트리:
말린 소시지 1개와 취향에 따른 샤르퀴트리 선택

3종류의 계절 과일:
여름에는 핵과류 또는 멜론, 가을에는 감 또는 석류

2종류의 크래커:
귀리 베이스 1종, 바삭한 곡물 베이스 1종

팽 드 캉파뉴 1개, 칼이나 손으로 자른 것

2종류의 견과류:
피스타치오, 아몬드, 캐슈넛 등

꿀

제대로 된 한 상을 만들기 위해선 질감과 풍미를 잘 조합해 서로 보완할 수 있도록 하는 것이 핵심이다. 예를 들어 강한 치즈의 경우 복숭아나 꿀에서 나는 꽃향으로 균형을 맞춰주는 식이다. 발효빵의 경우 이탈리아 소시지의 강하고 풍부한 맛과 잘 어울릴 것이다. 이 레시피는 자신만의 피크닉 플래터를 꾸미기 위한 기본적인 가이드일 뿐이다. 신선한 제철 과일을 찾지 못했을 때는 말린 과일도 좋은 대안이 될 수 있다.

멜론 오이 샐러드 MELON & CUCUMBER SALAD

온도가 치솟을 때 시원하게 먹기에 이상적인 샐러드. 멜론이 시장에 등장하며 여름의 시작을 알릴 무렵이면 많은 식당의 메뉴에 오르곤 하는 음식이다.

4인 분량
준비 시간: 10분
조리 시간: 5분

참깨 2ts
고수씨 1/2ts
커민씨 1/2ts
훈제 아몬드 3TS
마스카르포네치즈 170g, 부드럽게 될 때까지 휘저은 것
작은 허니듀 멜론 1/2개, 껍질을 벗기고 씨를 제거해 얇게 썬 것
작은 콜라비 2개, 껍질을 벗겨 얇게 썬 것
레몬 오이 또는 여름 제철 오이 2개, 얇게 썬 것
엑스트라버진 올리브오일
라임 1개, 즙
핑거라임 10개, 속을 미리 파서 반으로 자른 것
꽃향초 또는 마이크로그린* 두 움큼
플레이크 소금

작은 팬에 씨앗을 넣고 중약불에 3~5분간 향이 올라올 때까지 굽는다. 아몬드를 더해 1분간 더 굽고 팬을 불에서 내린다. 큼직하게 다지거나 절구에 빻는다.

마스카르포네치즈는 나눠 먹는 큰 접시라면 가운데에 깔고, 얕은 서빙용 볼이라면 가장자리에 둘러놓는다. 멜론, 오이와 콜라비를 한 겹 쌓고 그 위에 구운 씨앗을 뿌린다. 간을 하고 올리브오일을 흩뿌린다. 라임즙은 원하는 만큼 뿌린다. 핑거라임과 꽃향초를 샐러드 위에 흩뿌려 완성한다.

*잎사귀가 매우 작은 녹색 채소.

야생 채취 FORAGING

캘리포니아의 자연에서 야생 식물과 허브를 채취하는 건 특별한 경험이다. 야생 식물 전문 연구가이자 책의 저자인 파스칼 보더는 명아주(야생 시금치), 겨자, 까치밥나무 열매, 토끼풀 같은 식용 야생 식물의 세계로 우리를 안내한다. 언제나 환경을 생각하고 존중하면서 식물을 채취하는 파스칼에게서 식물과 요리에 대한 새로운 지식을 잔뜩 얻고 나면 이 보물들로 당장 요리를 시작하고 싶어질 것이다.

허브와 훈제 생선이 들어간 감자 샐러드
POTATO SALAD WITH GREENS & SMOKED FISH

상온으로 또는 차갑게 먹을 수 있는 이 샐러드는 야외 점심 식사에 가져가기도 좋고 도톰한 쇠비름을 사용하면 쉽게 무르지도 않는다. 반대로 물냉이의 경우 먹기 직전에 섞는 것이 좋다.

6~8인 분량
준비 시간: 5분
조리 시간: 20분

작은 햇감자 680g(큰 것은 2등분)
엑스트라버진 올리브오일 60ml
+ 흩뿌릴 여분
씨겨자 3TS
마요네즈 3TS
셀러리씨 1ts
해프 사워 피클 150g, 잘게 깍둑썰기한 것 + 피클물 2TS(209쪽 참조)
셀러리 2줄기, 잘게 깍둑썰기한 것
큰 달걀 4개
송어, 고등어, 정어리 등 훈제 생선 170g, 잘게 부스러뜨린 것
쇠비름 또는 물냉이 1/2단(잎과 여린 줄기로)
소금, 플레이크 소금, 후추

감자를 중간 크기의 냄비에 담고 감자가 잠기도록 찬물을 채운다. 일반 소금을 뿌린 후 끓인다. 한번 끓어오르면 불을 줄여서 칼로 찔러봤을 때 칼이 쉽게 들어갈 때까지 약 8~12분 더 가열한다.

커다란 그릇에 올리브오일, 겨자, 마요네즈, 셀러리씨, 플레이크 소금 1/2ts, 후추 1/2ts을 넣고 거품기로 섞는다. 여기에 피클과 피클물 그리고 셀러리를 더해 섞는다. 감자가 다 익으면 거품 국자를 사용해 건져내고 깨끗한 천 위에 얹어 가볍게 물기를 뺀다. 따뜻한 상태의 감자를 소스 그릇에 담고 조심스럽게 섞는다. 풍미가 잘 밸 수 있도록 가끔 섞어주면서 감자를 식힌다.

냄비의 물을 다시 가열하고 얼음 그릇을 준비한다. 달걀을 조심스럽게 냄비에 넣고 8분간 익힌 후 얼음 그릇에 옮겨 담는다. 껍데기를 살짝 깨서 식힌 후 껍데기를 완전히 벗기고 얇게 썬다.

훈제 생선과 쇠비름을 샐러드에 넣고 빠르게 섞는다. 달걀을 그 위에 얹고 올리브오일을 흩뿌려 완성한다.

으깬 오이 샐러드 SMASHED CUCUMBERS

상큼하면서도 준비가 손쉬운 이 샐러드는 어떤 요리에도 곁들일 수 있고 그 자체로도 간단한 한 접시의 간식으로 충분하다.

4인 분량
준비 시간: 5분
+ 오이를 소금에 절이기 30분
조리 시간: 없음

미니 오이 6개(600g), 길게 2등분 또는 어슷하게 3등분한 것
소금 1ts
쌀식초 3TS
식용유 2TS
참기름 2ts
그래뉼당 2ts
피시소스 2ts
태국 고추 2개, 얇게 썬 것
마늘 1쪽, 다진 것
깨소금, 장식용
태국 바질 한 움큼, 장식용

베이킹용 밀대나 칼 옆면으로 오이를 조심스레 으깬다. 뭉쳐 있는 오이 조각을 떼어내고 그릇 위에 받쳐놓은 체에 담아 소금을 뿌려 잘 섞은 다음 최소 30분 동안 수분을 뺀다.

나머지 재료를 커다란 그릇에 담아 거품기로 섞는다. 여기에 수분이 빠진 오이를 더해 잘 섞는다. 깨소금과 손으로 찢은 태국 바질을 흩뿌려 완성한다.

줄기콩 시금치 샐러드 SUMMER BEAN SALAD WITH SPINACH

시금치나 줄기콩처럼 여름 시장에서 찾아볼 수 있는 식재료들은 특별한 조리 과정을 거치지 않아도 그 자체로 풍미가 뛰어나다. 파르메산치즈의 짠맛과 빵가루의 바삭함이 흥미로운 조화를 이루는 레시피.

4인 분량
준비 시간: 5분
조리 시간: 15분

엑스트라버진 올리브오일 75ml
앤초비 필레 4조각
수제 빵가루 40g
마늘 4쪽, 2쪽은 다지고, 2쪽은 으깬 것
레몬 1개, 제스트 다진 것
칠리 플레이크 1ts
줄기콩 340g(녹색 줄기콩, 노란 줄기콩)
시금치 1단
파르메산치즈 15g, 간 것
플레이크 소금, 후추

커다란 팬에 올리브오일 3TS을 두르고 앤초비를 넣는다. 중불에 5분간 저어가면서 앤초비가 부스러질 때까지 익힌다. 빵가루를 넣고 5분간 더 조리해 빵가루가 황금색으로 변할 때까지 익힌다. 다진 마늘과 레몬 제스트, 칠리 플레이크를 넣고 1분간 더 조리한다. 그릇에 옮겨 담고 소금으로 간한 다음 프라이팬 바닥을 닦는다.

팬을 다시 중강불로 가열하고 남은 올리브오일을 두르고 으깬 마늘을 넣는다. 먼저 줄기콩을 먼저 넣고 볶다가, 이어서 시금치를 넣어 볶는다. 줄기콩은 약 2분, 시금치는 약 1분 정도로 생각하면 된다. 채소의 푸른색과 아삭한 식감이 적당히 남아 있을 정도로만 볶는다. 소금과 후추로 간한다.

서빙용 접시에 줄기콩과 시금치를 담고 빵가루와 파르메산치즈를 뿌려 완성한다.

그릴에 구운 바닷가재와 아보카도 샐러드
GRILLED AVOCADO & LOBSTER SALAD

단순하면서도 섬세한 일본 음식의 맛이 이 바닷가재 샐러드와 특히 잘 어우러진다. 캘리포니아 스타일에 맞춰 바닷가재의 우아한 맛에 구운 아보카도의 불맛을 더해보는 건 어떨까?

6~8인 분량
준비 시간: 15분
조리 시간: 10분

무염버터 60g
시치미* 1TS
차조기 줄기 한 움큼 또는 큰 잎 6장, 잘게 썬 것
차이브 1단, 다진 것
작은 바닷가재 2마리, 길게 2등분한 것 (대가리 속은 제거)
작은 아보카도 2개, 씨를 제거하고 2등분한 것
레몬 1개, 제스트 + 즙
미니 오이 1개, 얇게 썬 것
참깨 1TS
플레이크 소금
얇은 튀밥 과자 또는 감자칩, 곁들임용

*고춧가루에 여러 가지 향신료를 배합한 것.

작은 냄비에 버터와 시치미, 차조기와 차이브 절반을 넣고 약불로 가열해 버터를 녹인다. 재료를 잘 섞고 간을 한 다음 불에서 내린다.

그릴을 최고 온도로 예열한다. 바닷가재는 칼로 자른 면에 버터 혼합물을 살짝 바른 후 그릴에 3분간 굽는다. 이때 집게 부분이 그릴의 가장 뜨거운 부분에 닿게 둔다. 바닷가재를 뒤집어 다시 버터 혼합물을 발라 그릴에 3분 더 굽는다. 바닷가재 살이 속까지 잘 익도록 구운 뒤 도마에 얹어 식힌다.

아보카도도 잘린 면에 버터 혼합물을 바르고 간한다. 그릴에 올려 군데군데 살짝 탄 자국이 올라올 때까지 각 면을 1~2분간 굽고 그릴에서 내려 식힌다. 구운 아보카도의 절반을 커다란 그릇에 넣고 으깬다. 레몬즙과 소금 1ts을 넣어 섞는다. 나머지 아보카도를 잘라 그 위에 얹은 후 따로 둔다.

바닷가재가 식으면 집게와 꼬리 부분의 살을 발라내서 한입 크기로 자른 다음 아보카도가 든 그릇에 더한다. 남은 허브의 절반과 레몬 제스트, 오이, 참깨 절반 분량을 더해 살살 섞고 그릇에 흩뿌린다. 얇은 튀밥 과자나 감자칩을 곁들여 낸다.

주: 바닷가재의 대가리 속은 익히면 식감은 부드럽고 풍미가 진해진다. 가재는 등껍데기 쪽으로 먼저 굽고, 뒤집기 전에 대가리 속을 먼저 빼내두었다가 샐러드에 섞어도 좋다.

바삭한 스시 CRISPY RICE SUSHI

캘리포니아에서 스시는 이제 너무나 흔한 음식이라 대부분의 슈퍼마켓에서도 찾아볼 수 있다. 하지만 날생선과 밥의 바삭한 식감이 대조를 이루는 이 버전을 먹어보면 깜짝 놀라게 될 것이다.

4인 분량
준비 시간: 20분
조리 시간: 35분

스시용 밥 190g
와인식초 1TS
그래뉼당 1TS
소금 1½ts
스시용 생선 280g, 껍질 벗긴 것 또는 우니 20조각(둘을 조합해서 준비해도 좋다)
간장 3TS
와사비 또는 레몬즙(선택 사항)
카놀라유 또는 일반 식용유, 밥 튀기는 용도
다진 파 줄기, 차조기, 소렐, 매운 향 또는 시트러스 향의 꽃 등 강한 향의 허브

캘리포니아 롤의 조리법대로 스시용 밥을 한다(117쪽 참조).

작은 냄비에 와인식초, 설탕, 소금을 넣고 계속 저어가며 1~2분간 중약불에 가열해 설탕을 완전히 녹인다. 이 혼합물을 밥에 붓고 나무 주걱으로 섞은 후 식힌다.

생선은 두께 7mm, 길이 4cm로 썰어 20조각을 준비해 냉장고에 넣어둔다. 그릇에 간장과 원하는 양의 와사비 또는 레몬즙을 넣고 섞어 따로 둔다.

작게 자른 랩에 기름을 가볍게 발라둔다. 물기 있는 손으로 밥을 작게 뭉쳐 20개로 나눈다(2TS 분량, 약 20g 정도). 밥이 손에 들러붙지 않게 필요할 때마다 손을 다시 물에 적신다. 밥을 하나씩 랩으로 싸서 가볍게 눌러 지름 5cm, 두께 1cm 크기로 빚은 다음 랩을 벗긴다.

커다란 주철 프라이팬을 중강불에 가열해 3TS 분량의 기름을 두른다. 둥글게 빚은 밥의 절반 분량을 올려 각 면을 4~5분 정도 튀기듯 굽는다. 필요할 경우 기름을 더 두르고, 뒤집은 후에는 불을 조절해 온도를 맞춘다. 키친타월을 깐 접시에 다 구운 밥을 옮겨 담고 나머지 밥도 같은 과정을 반복해 굽는다.

생선 조각을 밥 위에 올린 다음 간장 소스를 가볍게 바르고 남은 간장 소스는 따로 낸다. 허브를 스시 위에 흩뿌려 완성한다.

저녁 식사 DINNER

다양한 식료품 가게를 보면 캘리포니아의 음식 스타일이 얼마나 다양한지를 알게 된다. 고기와 생선, 채식, 글루텐 프리 등 누구나 원하는 걸 찾을 수 있다. 샌타바버라의 스팟새우부터 소노마 해안에서 채취한 해초들, 밸리 센터에서 잘 먹이고 키운 돼지, 로스 오소스에서 난 전통 곡물까지. 풍부한 제철 재료 덕분에 캘리포니아의 저녁 식사는 즐거운 파티 같다. 여러 가지 색의 호박과 리코타치즈를 올린 피자, 한국식 바비큐로 만든 소갈비, 나뭇잎으로 싼 구운 생선 등 여기서 소개하는 레시피들이 캘리포니아의 맛을 느끼게 한다.

연어 버거 SALMON BURGER

캘리포니아의 자연산 연어는 아주 특별한 색과 맛이 있다. 연어만의 풍부한 풍미는 강한 허브 채소 피클과 환상적으로 어울린다.

4인 분량
준비 시간: 15분
조리 시간: 8분

레몬 1개, 제스트 + 즙
작은 샬롯 1개, 다진 것
셀러리 2줄기, 다진 것 + 셀러리잎
큰 달걀 1개
씨겨자 2TS
마요네즈 110g
수제 빵가루 10g
연어 680g, 껍질 벗겨 깍둑썰기한 것
엑스트라버진 올리브오일 3TS
파슬리, 처빌, 차이브, 소렐 등 허브 50g
채소 피클 150g, 얇게 썰고 피클물 뺀 것
햄버거 번 4쪽, 토스트한 것
플레이크 소금, 후추

레몬 제스트, 샬롯, 셀러리, 가볍게 저어둔 달걀, 겨자, 마요네즈 1TS, 빵가루를 푸드 프로세서로 섞는다. 여기에 연어를 더하고 소금 2ts, 후추 1ts를 넣고 짧게 다시 섞는다. 연어 조각이 남아 있어야 하니 연어가 갈아질 만큼 너무 많이 섞지 않도록 한다. 이렇게 만든 연어 패티를 4개로 나눈다.

중강불에 주철 프라이팬을 달군다. 올리브오일 2TS를 두르고 패티를 올린 다음, 갈색을 띠고 연어가 완전히 익을 때까지 앞뒤로 3~4분씩 굽는다.

셀러리잎과 허브를 중간 크기의 볼에 담는다. 레몬즙 1TS와 올리브오일 1TS를 넣는다. 간을 하고 섞는다. 햄버거 번을 가로로 반을 갈라 남은 마요네즈를 아래에 깔리는 번에 펴 바르고, 그 위에 연어, 셀러리와 허브, 채소 피클을 올린 다음 남은 한쪽 번으로 덮는다. 기호에 따라 피클과 곁들여 내간다.

그린 포솔레 GREEN POZOLE

속이 따뜻해지는 이 스튜는 시간이 지날수록 향이 더해간다. 전날 만들어두었다가 당일에 다시 데워서 내도 된다. 곁들임 재료를 더하면 더욱 완성된 풍미와 다른 식감을 즐길 수 있다.

4인 분량
준비 시간: 15분
조리 시간: 30분 + 고기 익히기 2시간

돼지고기 어깻살(앞다릿살) 900g, 5cm 덩이로 썬 것
토마티요* 900g, 껍질 벗긴 것
포블라노 고추 1개
양파 1개, 4등분하고 그중 1조각은 서빙용으로 잘게 다진 것
엑스트라버진 올리브오일 1TS
마늘 2쪽, 다진 것
생월계수잎 3장
멕시코 맥주 350ml, 치킨 스톡 950ml
말린 오레가노 2ts + 서빙용 여분
호미니** 캔(400g) 2개, 물기를 뺀 것 (전문점에서 구입)
플레이크 소금, 후추

곁들임 재료
잘게 썬 양배추, 얇게 썬 무, 다진 양파, 다진 아보카도, 구운 호박씨, 얇게 썬 할라페뇨, 토르티야 칩, 오레가노 등

*껍질에 싸인 꽈리처럼 생긴 작은 토마토. 라틴아메리카에서 나며 주로 녹색이다.
**옥수수 알갱이를 알칼리 용액에 담가두었다가 껍질을 벗겨 거칠게 분쇄한 것.

그릴을 높은 온도로 예열한다. 돼지고기 모든 면에 간을 하고 따로 둔다.

토마티요와 포블라노 고추, 양파 3조각을 오븐팬에 담아 높은 랙에 올리고, 군데군데 살짝 그을릴 때까지 채소를 8~10분간 굽는다. 채소를 도마 위로 옮긴다. 충분히 식으면 포블라노 고추의 꼭지를 잘라내고 씨를 빼낸 다음 구운 채소 모두 다져서 따로 둔다.

오븐을 150℃로 예열한다.

냄비에 올리브오일을 두르고 중강불에서 가열한다. 돼지고기를 냄비에 넣고 뭉치지 않게 하면서 모든 면이 노릇해질 때까지 3~5분간 굽는다. 마늘, 생월계수잎을 더하고 맥주를 붓는다. 바닥에 눌어붙은 것을 긁어낸다. 구운 채소를 넣고, 치킨 스톡, 오레가노, 소금 1TS, 후추 1ts를 더한다. 살짝 끓어오르면, 뚜껑을 덮고 냄비를 오븐에 넣는다. 최소한 2시간 동안 서서히 고기를 익힌다. 고기가 부드러워지면 냄비를 오븐에서 꺼내고 거품 국자로 위에 뜬 기름을 걷어낸다. 호미니를 붓고 섞은 뒤 다시 냄비를 오븐에 넣고 30분간 호미니를 데운다.

곁들임 재료 중 원하는 것과 함께 뜨겁게 내간다.

비터 그린스 샐러드 BITTER GREENS SALAD

겨울철 채소의 쌉쌀한 맛은 비트의 흙냄새, 오징어의 단맛, 메이어 레몬*의 꽃향기, 올리브 소금, 신선한 허브로 완성된다. 이 샐러드의 색 역시 맛만큼이나 놀랍다.

4인 분량
준비 시간: 10분
조리 시간: 55분

작은 비트 8개
엑스트라버진 올리브오일 120ml
오징어 450g, 몸통과 다리
수제 빵가루 40g
메이어 레몬 1개, 제스트 + 즙
트레비소, 라디키오, 엔다이브 등 쓴맛 채소 2개
보타르가(어란) 30g, 간 것
작은 적양파 1/2개, 아주 얇게 썬 것
그린 올리브 75g, 씨를 뺀 것
파슬리, 처빌, 타라곤, 차이브 등 허브 25g
플레이크 소금, 후추

오븐을 220℃로 예열한다. 비트를 알루미늄포일에 싸서 오븐 중간 그릴에 올려 45분간 굽는다. 칼이 쉽게 들어가면 꺼내서 알루미늄포일을 벗겨 식힌다. 껍질을 벗기고 윗부분을 잘라낸 다음 얇게 썰어 따로 둔다.

주철 프라이팬에 올리브오일 2TS를 두르고 중강불로 가열한다. 오징어에 간을 하고 몸통은 앞뒤로 2분씩, 다리는 앞뒤로 1분씩 살짝 굽는다. 뒤집개로 오징어를 프라이팬 바닥에 눌러 노릇하게 색을 입힌다. 접시로 옮긴다.

프라이팬을 닦아내고 중불에 올린다. 올리브오일 3TS를 붓고 빵가루를 넣고 흔들어 빵가루에 살짝 기름 코팅이 되게 한다. 프라이팬을 자주 흔들면서 5분간 익혀서 밝은 갈색으로 만든다. 따로 둔다.

레몬 제스트와 즙, 남은 올리브오일 60ml, 소금 1/2ts, 후추 1/2ts를 볼에 넣고 거품기로 잘 섞는다.

쓴맛 채소, 비트, 오징어를 접시 4개로 나눈다. 직전에 만든 소스를 끼얹고 빵가루, 보타르가, 적양파, 올리브, 허브를 흩뿌린다. 가볍게 간을 한다.

*레몬과 오렌지의 중간인 과일.

크리스피 치킨과 리마콩 CRISPY CHICKEN WITH BEANS

여름철에는 신선한 리마콩으로 이 요리를 만들어보자. 신선한 콩은 완벽한 식감을 느낄 수 있고, 물에 불릴 필요도 없어서 마른 콩보다 빨리 조리할 수 있다.

4인 분량
준비 시간: 5분
+ 콩을 물에 불리기 8시간~하룻밤
조리 시간: 1시간

닭다리 4개
생월계수잎 2장
작은 양파, 2등분한 것
마늘 3쪽, 1쪽은 껍질을 까지 않고, 2쪽은 껍질을 까고 얇게 썬 것
마른 리마콩 335g, 하룻밤 물에 불려 건져놓은 것
통후추 5알
엑스트라버진 올리브오일 75ml
셀러리 2줄기, 다진 것 + 연한 셀러리잎
파슬리잎 10g
레몬 절임 1개, 헹군 다음 껍질은 잘게 다진 것(217쪽 참조)
플레이크 소금, 후추

오븐을 220℃로 예열한다. 닭다리 앞뒤로 골고루 소금과 후추를 뿌리고 따로 둔다.

중강불에 올린 냄비에 월계수잎, 양파, 껍질을 까지 않은 마늘을 넣고 4~5분간 군데군데 그을릴 때까지 굽는다. 콩과 후추 알, 소금 2ts를 더한 다음 물을 넉넉히 부어 콩 위로 물높이가 5cm가 되도록 한다. 살짝 끓는 상태에서 30분간 익히면서 물이 충분히 남았는지 확인한다.

그동안 중강불에 큰 주철 프라이팬을 올린다. 올리브오일 2TS을 두르고 닭다리 껍질이 바닥으로 가게 놓는다. 8~10분간 굽는다. 껍질이 노릇해지고 바삭해지면 닭다리를 뒤집은 채로 프라이팬을 오븐에 넣고 11~13분간 구워 고기를 거의 다 익힌다. 오븐 그릴을 켜서 껍질이 바삭해질 때까지 2분간 굽는다. 프라이팬을 꺼내고 닭다리를 접시에 담는다.

같은 프라이팬에 올리브오일 1TS을 둘러 중강불에 올린다. 얇게 썬 마늘을 넣고 마늘이 노릇해지고 바삭해질 때까지 몇 번 프라이팬을 흔들어가면서 1~2분간 굽는다. 볼에 담아 따로 둔다. 약불로 줄이고 거품 국자로 냄비에서 콩을 건져 프라이팬으로 옮긴다.

볼에 셀러리 다진 것과 잎, 파슬리, 레몬 절임, 올리브오일 남은 것을 담고 가볍게 간을 한 다음 살짝 섞는다.

콩을 접시 4개에 나눠 담고 레몬 절임 혼합물을 뿌린다. 접시마다 닭다리를 하나씩 올려서 낸다.

피자 PIZZA

맛있는 피자를 만드는 비결은 반죽을 세심하게 다루고 아주 뜨거운 오븐을 사용하는 것이다. 이 레시피에서는 단순한 도우 덕분에 채소와 허브가 각각의 맛을 충분히 드러낸다.

4인 분량
준비 시간: 10분 + 휴지 30분
조리 시간: 12분

수제 피자 반죽 450g
밀가루, 반죽에 뿌리는 용도
노란색과 녹색 스쿼시 340g
작은 적양파 1/2개, 얇게 썬 것
레몬 1개, 제스트 + 즙
엑스트라버진 올리브오일 2TS
+ 흩뿌릴 여분
리코타치즈 165g
마스카르포네치즈 165g
파르메산치즈 40g, 간 것
마늘 2쪽, 다진 것
중간 굵기(미디엄) 폴렌타 약간
한련 꽃과 잎, 마저럼, 차이브, 파슬리 등 허브 25g
플레이크 소금, 후추

반죽을 2덩이로 나눈다. 밀가루를 뿌리고 깨끗한 면포로 덮어 30분간 따로 둔다.

오븐을 가장 높은 온도로 예열하고 피자 스톤 또는 뒤집은 오븐팬을 오븐 맨 아래칸에 두어 열을 최대화한다.

스쿼시를 3mm 두께로 얇게 썰고 체에 밭쳐 소금 1/2ts를 뿌려둔 채로 10분간 물기를 뺀다. 키친타월로 두드려 물기를 닦아낸 다음 볼에 담는다. 양파, 레몬 제스트, 레몬즙 1TS, 올리브오일, 소금 1ts, 후추 1/2ts를 볼에 함께 넣고 잘 섞는다.

다른 볼에 리코타치즈, 마스카르포네치즈, 파르메산치즈, 마늘, 소금 1/2ts, 후추 1/2ts를 넣고 거품기로 잘 섞는다.

또 다른 오븐팬을 뒤집어서 그 위에 폴렌타를 넉넉히 뿌린다. 조리대에 밀가루를 뿌리고 반죽덩이 하나를 늘여서 23 X 33cm의 타원형으로 만들되, 가장자리는 좀 더 두껍게 한다. 반죽에 끈기가 없으면, 10분 더 둔다. 타원형 피자 도우를 뒤집은 오븐팬에 올리고, 한두 번 흔들어서 반죽이 들러붙지 않게 한다. 도우를 군데군데 포크로 찔러 구멍을 내고, 치즈 혼합물 반을 도우 위에 뿌리고, 그 위에 채소 혼합물을 올린다. 피자를 뜨겁게 달궈진 피자 스톤 또는 오븐팬에 올리고 8~10분간 굽는다. 도우가 노릇해지고 부풀면 피자를 식힘망으로 옮기고, 두번째 반죽으로 똑같이 만든다. 피자에 허브와 올리브오일을 흩뿌린다.

그릴에 구운 스테이크와 토마토 샐러드
GRILLED STEAK WITH TOMATO SALAD

캘리포니아 사람들은 여름이 시작해서 끝날 때까지 먹을 만큼 여름 토마토를 사랑한다. 캘리포니아에서는 토마토의 즙도 씨도 풍미가 가득하니 절대 버리지 말 것.

4인 분량
준비 시간: 10분
조리 시간: 14분

소고기 680g, 행어hanger 또는 옹글레onglet*

타라곤 1단, 잎만

무염버터 60g

호스래디시 5cm, 껍질 벗겨 간 것

크기와 색이 다양한 에어룸 토마토 450g

팽 드 캉파뉴 3조각, 두툼하게 썬 것

엑스트라버진 올리브오일 1TS
+ 고기에 바르는 여분

작은 적양파 1/2개, 아주 얇게 썬 것

래디시 8개, 아주 얇게 썬 것

플레이크 소금, 후추

*한국식으로는 토시살에 가깝다.

고기 양면에 소금과 후추를 뿌리고 따로 둔다. 그릴을 가장 높은 온도로 예열한다. 그릴 팬을 이용하려면 중강불 위에 올려 달군다.

타라곤의 반을 잘게 다져서 볼에 담는다. 버터, 호스래디시 1TS를 더한 다음 포크로 뒤섞는다. 볼을 따로 둔다. 작은 토마토는 2등분이나 4등분을 하고 큰 토마토는 더 많은 조각으로 자른다. 토마토를 즙과 함께 큰 볼에 담아둔다.

빵에 올리브오일을 가볍게 바른 뒤 그릴에 앞뒤로 2~3분씩 굽는다. 식힘망에 올려두고 소금을 살짝 뿌린다.

고기에 올리브오일을 가볍게 바른 뒤 그릴에 3~4분 구워 짙은 갈색이 나게 한다. 고기를 뒤집어 다시 3~4분 굽는다. 고기를 식힘망에 올려두고 그 위에 타라곤 버터와 타라곤잎을 올린다.

빵을 한입 크기로 자르거나 찢어서 토마토가 담겨 있는 볼에 담는다. 얇게 썬 양파의 반, 올리브오일, 소금 1ts, 후추 1/2ts를 넣는다. 잘 섞어서 큰 접시에 담는다.

고기를 얇게 썰어서 토마토 샐러드 위에 얹는다. 래디시와 남은 양파와 타라곤을 그 위에 뿌린다. 호스래디시를 조금 뿌리고 간을 한다.

게 볶음밥 CRAB FRIED RICE

아시아의 녹색 채소 줄기는 이 볶음밥에 넣으면 신선하고 아삭한 맛을 즐길 수 있다. 이 레시피 속 채소 대신 시장에서 산 아무 녹색 채소라도 넣고 만들어보자.

4인 분량
준비 시간: 13분 + 밥 짓기 30분
조리 시간: 10분

큰 달걀 8개, 흰자만
카놀라유 또는 일반 식용유 5TS
카이란, 초이삼(채심), 청경채 등 아시아 채소 1단, 잎은 떼어내고, 줄기는 5mm 두께로 가늘게 썬 것
마늘 2쪽, 간 것
생강 5cm, 껍질 벗겨 간 것
쪽파 1단, 흰 부분과 녹색 부분 나눠 다진 것
백미 찬밥 390g
게살 225g, 익힌 것
플레이크 소금, 백후추

달걀흰자를 볼에 넣어 휘젓고, 소금 1ts, 백후추 1/2ts를 넣은 다음 따로 둔다.

주철 프라이팬 또는 눌음 방지 프라이팬을 중불에 달군다. 기름 1TS를 두르고 팬을 돌려가며 코팅한다. 녹색 채소 잎과 마늘 반을 넣고 간을 한다. 색이 선명해지고 숨이 죽을 때까지 2~3분간 볶는다. 접시에 담아 따로 둔다.

프라이팬을 다시 중불에 올린다. 기름 3TS를 두르고 남은 마늘, 생강, 쪽파 흰 부분, 녹색 채소 줄기를 넣는다. 소금 1½ts를 더해 향이 날 때까지 1분간 볶는다. 찬밥을 넣고 잘 섞어 밥알이 분리되어 밥알에 기름이 코팅되도록 한다. 5분간 볶아서 밥이 따뜻해지면 게살을 넣고 2분간 익혀서 게살도 따뜻해지게 한다. 프라이팬 가운데를 비우고 거기에 남은 기름을 붓는다. 다시 거기에 휘저은 달걀흰자를 붓는다. 1~2분간 익히면서, 안 익은 부분이 익도록 살살 뒤집는다. 다 익었으면 나무 주걱으로 대강 부숴서 밥과 섞는다. 따로 두었던 채소를 곁들이고 그 위에 쪽파 녹색 부분을 뿌려서 내간다.

주: 남은 찬밥을 활용하면 좋지만, 밥이 없다면 캘리포니아 롤 레시피(117쪽)를 따라 쌀 190g으로 밥을 짓는다.

골든 스테이트
THE GOLDEN STATE

1848년 '골드러시' 때문에 생긴 별명이지만, 캘리포니아 전역에 일렁이는 금빛을 말하는 것이기도 하다. 봄비를 맞아 꽃을 피운 야생 양귀비 들판부터 태평양 해안의 반짝이는 일몰, 그리고 금문교의 대표적인 빛깔까지, 캘리포니아는 어디서나 황홀하게 눈이 부시다.

봄 카르보나라 SPRING CARBONARA

샌타바버라 성게알은 달고 짭짤한 맛이다. 여기서는 성게의 부드러운 식감을 이용해 카르보나라 스타일로 파스타에 섞는 소스를 만든다. 네틀*이 더해지면 땅과 바다가 섞인 레시피가 된다.

4인 분량
준비 시간: 10분
조리 시간: 8분

네틀 1단, 약 280g
엑스트라버진 올리브오일 3TS
봄철 풋마늘 70g, 다진 것
성게알 185g
생완두콩 140g, 꼬투리 벗긴 것
탈리아텔레 또는 파파르델레 등의 긴 파스타 450g
연어알 60g
메이어 레몬 1개, 제스트
플레이크 소금, 후추
보리지, 양파꽃 등 꽃과 허브, 장식용

*쐐기풀속의 식물로 서양에서는 요리에 많이 쓰이는 허브의 일종이다.

두꺼운 장갑을 끼고 네틀을 손질한다. 손으로 또는 가위로 잎을 잘라내고 줄기는 버린다. 그렇게 해서 네틀잎 90g을 준비한다.

큰 프라이팬을 중불에 달군다. 올리브오일을 두르고, 마늘, 소금 1/2ts, 후추 1/2ts을 넣고 1분간 볶는다. 프라이팬에 네틀잎을 넣고 빠르게 뒤섞는다. 숨이 죽을 때까지 1~2분 더 볶는다. 프라이팬에 볶은 것을 푸드 프로세서에 넣는다. 성게알 8개를 따로 두고 나머지를 푸드 프로세서에 넣는다. 부드러운 질감이 생기고 네틀잎이 잘게 다져질 때까지 간 다음 주걱으로 긁어서 큰 볼에 담는다.

큰 냄비에 소금물을 담고 끓인다. 거품 국자로 완두콩을 물에 넣고 30초간 데쳐 따로 둔다. 파스타를 같은 소금물에 넣고 포장지에 적힌 조리법에 따라 알덴테로 익힌다.

파스타가 익었으면 곧바로 건져서 성게알 크림이 담긴 큰 볼에 넣는다. 파스타 면수 1TS를 더하고 살살 섞어 파스타를 오목한 접시 4개에 나눠 담는다. 완두콩을 뿌리고, 그 위에 남은 성게알과 연어알을 올린 다음 레몬 제스트와 허브를 뿌린다. 가볍게 간을 한다.

주: 네틀을 구할 수 없다면 파슬리, 차이브, 한련잎, 처빌 등 빨리 볶아 먹을 수 있는 부드러운 허브로 대체할 수 있다.

김치 해물 스튜 KIMCHI SEAFOOD STEW

로스앤젤레스의 수많은 한국 식당에서 맛볼 수 있는 스튜보다 훨씬 가벼운 버전이다. 저녁 식사를 위해 빨리 준비할 수 있는 레시피다.

4인 분량
준비 시간: 10분
조리 시간: 10분

흰 살 바다 생선 450g, 껍질 벗겨 5cm로 토막 낸 것
채소 스톡 950ml(197쪽 참조)
김치 225g, 잘게 썬 것
작은 순무* 16개(170g), 무청까지 있는 것
만가닥버섯 75g, 손질한 것
팽이버섯 35g, 손질한 것
연두부 350g, 4등분한 것
작은 조개 20개
쪽파 4뿌리, 5cm로 자른 것
플레이크 소금, 후추
자스민밥, 곁들임용

*알감자만 한 베이비 터닙baby turnip을 말한다.

생선은 밑간해서 따로 둔다.

큰 냄비 안에 스톡을 붓고 김치를 넣고 끓인다. 약불로 줄이고 10분간 계속 끓인다. 순무, 버섯, 두부를 넣고 5분 더 끓인다. 생선을 넣고 그 위에 한 층을 올린다는 마음으로 조심스럽게 조개를 올린다. 뚜껑을 덮고 3분간 약불로 끓이는데, 처음 1분쯤 지나면 순무청과 쪽파를 넣고 숨이 죽을 만큼만 익힌다. 자스민밥과 함께 내간다.

구운 겨울 스쿼시* 볼 ROASTED WINTER SQUASH BOWL

캘리포니아에서도 서늘한 기후로 계절이 바뀌는 걸 좋아하는 사람들이 있다. 두툼한 스웨터를 입고 시장에 가서, 스쿼시와 버섯처럼 과일향이나 흙냄새 나는 농산물을 찾아다니곤 한다.

4인 분량
준비 시간: 10분
조리 시간: 65분

헤이즐넛 130g

겨울 스쿼시 900g, 씨를 빼고 웨지 모양으로 자른 것

각종 버섯 450g, 최소한으로 손질한 것

작은 적양파 1개, 웨지 모양으로 8등분한 것

타임 10줄기

레몬 2개, 1개는 제스트와 즙, 다른 1개는 얇게 썬 것

엑스트라버진 올리브오일 180ml + 흩뿌릴 여분

통마늘 1개, 2등분한 것

밀알 185g, 씻은 것

루콜라 1단

플레이크 소금, 후추

*여름에 수확하는 여름 스쿼시는 부드럽고 수분이 많은 편이며, 늦여름부터 가을에 수확하는 겨울 스쿼시는 껍데기가 딱딱해서 겨우내 보관이 용이하다.

오븐을 180℃로 예열한다. 헤이즐넛을 오븐팬에 담아 10~15분간 껍데기에 금이 갈 때까지 굽는다. 식으면 깨끗한 행주로 문질러서 껍데기를 최대한 많이 벗겨낸다. 오븐팬을 닦아내고 다시 오븐의 맨 아래칸에 넣는다. 온도를 220℃에 맞춘다.

큰 볼에 스쿼시 조각, 버섯, 양파, 타임 5줄기, 얇게 썬 레몬을 넣는다. 올리브오일 60ml를 넣고 섞는다. 소금 2ts, 후추 1ts를 넣는다. 볼에 섞은 것을 예열된 오븐팬에 담는다. 통마늘을 알루미늄포일에 담고 올리브오일을 뿌린 다음 잘 여며서 오븐팬 구석에 놓는다. 채소를 오븐 맨 아래칸에서 45~50분간 굽되 15분마다 뒤섞는다.

냄비에 소금물을 끓인다. 밀알을 넣고 약불에서 40분간 익힌다. 밀알은 부드럽지만 씹히는 맛이 있어야 한다. 밀알을 건져낸다.

통마늘을 꺼내 구워진 쪽마늘만 빼내 담아 으깨고 껍질은 버린다. 레몬 제스트와 즙, 남은 올리브오일 120ml을 넣고 남은 타임 5줄기에서 잎만 따서 넣는다. 소금 1/2ts, 후추 1/2ts을 넣고 거품기로 섞는다. 밀알을 넣고 잘 섞는다.

채소를 밀알, 루콜라, 헤이즐넛과 함께 내간다. 가볍게 간을 한다.

새우 구이와 옥수수 크림

GRILLED PRAWNS & CREAMED CORN

새우와 옥수수 죽이 섬세하게 균형이 잡혀 캘리포니아의 맛을 낸다. 달콤한 샌타바버라 새우가 여름 옥수수와 완벽한 조화를 이룬다.

4인 분량
준비 시간: 15분
조리 시간: 20분

민트 6줄기, 잎만
마저럼 6줄기, 잎만
할라페뇨 고추 1개, 얇게 썬 것
마늘 1쪽, 간 것
화이트와인 60ml
엑스트라버진 올리브오일 75ml
스팟새우 또는 타이거새우 16개(약 1.2kg), 내장을 빼낸 것
옥수수 4개(약 900g), 잎을 떼낸 것
무염버터 45g
만가닥버섯 300g, 손질해서 다진 것
작은 리크 2개, 흰색 부분과 녹색 부분 다진 것
플레이크 소금, 후추
라임 조각

민트의 반, 마저럼의 반, 할라페뇨 고추, 마늘, 와인, 올리브오일 60ml, 소금 1ts, 후추 1ts를 넣고 섞는다. 그 혼합물에 새우를 재우고 따로 둔다.

옥수숫대에서 알을 떼어내 볼에 담는다. 옥수숫대를 볼 안에 세우고 숟가락으로 긁어내 즙까지 짜낸다. 옥수수알의 반을 푸드 프로세서에 담고 30초간 간다. 옥수수가 크림 질감이 나지만 완전히 매끈해지지 않도록 한다. 따로 둔다.

주철 프라이팬을 중강불에 달군다. 남은 올리브오일을 프라이팬에 붓고, 버터 30g, 버섯, 소금 1/2ts, 후추 1/2ts를 더하고 5~8분 볶는다. 중불로 줄이고 남은 버터와 리크를 넣고 리크가 부드러워질 때까지 3~5분간 함께 볶는다. 옥수수 간 것을 넣고 물 60ml을 붓는다. 불을 더 줄여서 2분간 끓인다. 남은 옥수수 알과 즙을 넣고 1분 더 끓인다. 불을 끄고 프라이팬 뚜껑을 덮어서 온기를 유지한다.

그릴이나 주철 그릴 프라이팬을 중강불에 올리고 재워둔 새우를 3~4분간 구우면서 중간에 한 번 뒤집는다. 껍데기가 군데군데 그을리고 살이 막 익기 시작하면 불에서 내린다.

옥수수 크림을 볼 4개에 나눠 담는다. 구운 새우를 그 위에 올린다. 남은 허브를 뿌리고 라임 조각과 함께 낸다.

캘리포니아 스매시트 버거*

CALIFORNIA SMASHED BURGERS

샌드위치나 부리토, 빵 없는 버거가 이제 캘리포니아에서 유행이다. 아삭한 잎채소로 싸여 재료의 맛을 빵 없이 즐길 수 있다.

4인 분량
준비 시간: 5분
조리 시간: 35분

다진 소고기 675g(지방이 20% 정도)
미국식 노란 겨자 소스 2TS
해프 사워 피클 50g(209쪽 참조)
마요네즈 55g
케첩 65g
카놀라유 또는 일반 식용유 4ts
체더치즈 120g, 얇게 썬 것
아이스버그 같은 아삭한 양상추 1통, 잎을 떼어낸 것
큰 토마토, 얇게 썬 것
작은 적양파 1/2개, 아주 얇게 썬 것
플레이크 소금, 후추

*패티를 더 납작하게 눌러 구워서 패티가 얇고, 표면이 살짝 탈 정도로 바삭한 게 특징이다.

다진 소고기를 8등분하고 지름 10cm의 패티 8장을 만든다. 소금과 후추를 뿌리고 양면에 겨자 소스를 살짝 바른다.

피클, 마요네즈, 케첩을 작은 볼에 담아 섞어서 소스를 만든다.

큰 주철 프라이팬을 중강불에 달군다. 팬이 아주 뜨거워야 한다. 기름 1ts를 둘러서 프라이팬 전체를 기름을 코팅한다. 패티 2장을 프라이팬에 올리자마자 그 위에 조금 작은 프라이팬으로 얹어서 패티를 누른다. 2분간 굽고 위에 얹은 프라이팬을 치운 뒤 패티를 뒤집는다. 다시 작은 프라이팬을 얹고 1분간 굽는다. 작은 프라이팬을 치우고 각 패티 위에 체더치즈를 15g씩 올린 다음 이번에는 작은 프라이팬을 뒤집어 패티를 덮고 1분간 굽는다. 패티가 원하는 만큼 익고 치즈가 녹으면 패티를 꺼낸다. 나머지 패티도 똑같이 굽는다.

양상추 2장 위에 버거 패티 2개를 올린다. 그 위에 토마토, 소금, 후추, 양파를 차례로 올리고 맨 위에 소스를 조금 올린다. 양상추 2장으로 버거를 덮는다.

BBQ 쇼트 립 BBQ SHORT RIBS

고기를 그릴에서 재빨리 구워내는 한국식 레시피. 바삭하게 구워진 고기에서 깊은 향이 나고, 함께 먹는 가벼운 샐러드는 입안을 개운하게 해준다.

4인 분량
준비 시간: 15분
+ 고기 재우기 하룻밤
조리 시간: 5분

쪽파 1단, 반은 굵게 다지고, 반은 얇게 썬 것
작은 배 1개, 껍질을 벗기고 씨를 빼고 굵게 썬 것
마늘 3쪽
생강 1TS, 간 것
간장 120ml
쌀식초 60ml
황설탕 40g
볶은 참깨로 만든 참기름 3TS
김치 150g, 잘게 썬 것
+ 김칫국물 3TS
쇼트 립(갈빗살) 1.4kg, 0.5~1cm 두께로 자른 것
카놀라유 또는 일반 식용유 2TS
+ 고기에 바를 여분
리틀 젬 레티스 2개, 돌돌 말아서 얇게 썬 것
볶은 통깨 1TS
플레이크 소금, 후추

굵게 다진 쪽파, 배, 마늘, 생강, 간장, 식초, 설탕, 참기름 2TS, 김칫국물 2TS을 푸드 프로세서 또는 블렌더에 넣고 곱게 간다.

고기에 소금과 후추로 밑간을 하고 가볍게 두드린다. 큰 오븐 용기나 입구를 봉할 수 있는 비닐 봉지에 넣고 앞서 만들어둔 양념장을 붓는다. 하룻밤 또는 최소 4시간 동안 냉장고에 넣고 재운다.

늦어도 고기를 굽기 30분 전에는 양념장에서 고기를 건져둔다. 그릴을 최고 온도로 예열한다.

고기에 기름을 살짝 바르고 표면이 그을려 바삭해질 때까지 앞뒤로 2분씩 굽는다. 고기를 미디엄레어로 익히거나 원하는 굽기로 익힌다. 고기를 식힘망에 올려둔다.

큰 볼에 참기름, 카놀라유, 남은 김칫국물을 붓고 섞는다. 거품기로 섞으면서 간을 한다. 리틀 젬 레티스, 김치와 얇게 썬 쪽파를 넣는다. 빠르게 섞는다.

샐러드에 잘게 얇게 썬 쪽파 남은 것과 통깨를 뿌리고 고기와 함께 내간다.

잎에 싼 생선 구이 LEAF WRAPPED GRILLED FISH

바비큐는 캘리포니아의 긴 여름 밤, 없어서는 안 될 이벤트다. 과일 나무 잎을 사용해서 생선에 향을 입혀보자.

4인 분량
준비 시간: 10분
+ 실을 물에 담가놓기 20분
조리 시간: 16분

무화과나뭇잎 또는 포도나뭇잎 큰 것 4장

엑스트라버진 올리브오일 3TS
+ 생선에 바를 여분

농어, 붉돔, 감성돔 등 통생선 2마리 (마리당 약 675~900g), 씻은 것

레몬(또는 다른 감귤류) 절임, 헹구고 껍질을 얇게 채 썬 것
+ 절임물 1TS(217쪽 참조)

작은 적양파 1개, 얇게 썬 것

딜, 파슬리, 차이브 등 여러 허브를 섞은 것 1단

쇠비름 1단, 잔 줄기만

플레이크 소금, 후추

약 36cm 길이로 자른 주방용 실 6가닥을 물에 20분간 담가놓는다.

실 3가닥을 조리대에 늘어놓고 그 위에 생선 한 마리를 올려놓을 수 있도록 간격을 조정한다. 실 위에 나뭇잎 2장을 나란히 겹치게 놓는다. 올리브오일을 생선의 양면에 가볍게 바르고 생선을 나뭇잎 아래쪽에 올려놓는다. 생선의 겉과 속에 소금과 후추를 친다. 생선 안쪽을 레몬 절임의 반, 양파, 허브 섞은 것으로 채우고 생선을 위로 굴리면서 나뭇잎으로 싼다. 실을 묶는다. 남은 생선도 똑같이 한다.

그릴을 중강불로 달구고 생선을 크기에 따라 12~16분간 굽는다. 중간에 한 번 뒤집는다. 눌렀을 때 살이 단단한 느낌이 들 만큼 익었으면 접시에 담고 가볍게 간을 맞추고 따로 둔다.

볼에 레몬 절임물, 올리브오일, 후추 1/2ts를 넣고 섞는다. 쇠비름을 넣고 버무린다. 생선과 함께 곁들임으로 낸다.

고구마 구이 BAKED SWEET POTATOES

가을이 되면 시장 가판대에 다양한 고구마가 나온다. 기회가 생기면, 일본 고구마를 골라서 이 레시피를 만들어보자. 흔하게 볼 수 있는 품종으로 만들어도 맛있다.

4인 분량
준비 시간: 5분
조리 시간: 50분

중간 크기의 고구마 4개(개당 약 225g), 세로로 2등분한 것
엑스트라버진 올리브오일 4TS
천연 요구르트 270g
할라페뇨 고추 1개, 다진 것
딜 2TS, 다진 것
라임 1개, 즙
이탈리아산 매운맛 소시지 225g, 껍질 제거한 것
작은 적양파 1개, 얇게 썬 것
케일 1단(약 200g), 질긴 가지 부분은 제거하고 얇게 썬 것
튀밥 과자 15g, 잘게 부순 것
플레이크 소금, 후추

오븐을 220℃로 예열한다. 오븐팬을 맨 아래칸에 넣는다.

올리브오일 2TS을 고구마에 바르고, 오일이 스며들도록 고구마를 문지른다. 달궈진 오븐팬에 고구마를 절단면이 아래로 가도록 놓는다. 35분간 구우면서 중간에 한 번 뒤집는다. 칼날이 쉽게 들어가면 완성이다.

작은 볼에 요구르트, 할라페뇨 고추, 딜, 라임즙 1TS를 넣는다. 간을 하고 잘 섞는다. 소스를 냉장고에 넣어둔다.

큰 프라이팬을 중강불에 달군다. 올리브오일 1TS을 두른 프라이팬에 소시지를 넣고 나무 숟가락으로 으깬 다음 6~8분간 가끔 휘저어가며 볶는다. 소시지가 갈색이 되면 볼에 옮겨 담는다. 같은 프라이팬에 올리브오일 1TS를 두르고 양파가 금색이 날 때까지 5분간 볶는다. 케일을 넣고 가볍게 간을 하고 2~3분 더 볶으면 케일의 숨이 죽는다. 소시지가 담긴 볼에 옮겨 담고 잘 섞는다.

소시지 케일 볶음을 고구마 위와 사이에 얹는다. 튀밥을 그 위에 뿌리고 요구르트 소스와 함께 내간다.

돼지고기 안심 구이와 살구 채소 샐러드
PORK TENDERLOIN WITH APRICOTS & GREENS

살구의 상큼한 향이 이 풍성한 샐러드를 더욱 빛나게 한다. 고기를 채우기 좋게 완숙 과일로도 해보고, 얇게 썰기 편하게 단단한 과일도 써보자. 살구 대신 복숭아를 활용해도 된다.

4인 분량
준비 시간: 30분
+ 고기 재우기 30분~8시간
조리 시간: 22분 + 휴지 10분

돼지고기 안심 680g
살구 5개, 1개는 다지고, 4개는 얇게 썬 것
씨겨자 3TS
타임 3TS
마늘 2쪽, 간 것
엑스트라버진 올리브오일 90ml
작은 적양파 1개, 8등분한 것
버섯식초 2TS
여러 가지 녹색 채소 250g
플레이크 소금, 후추

오븐을 220℃로 예열한다. 돼지고기에 밑간을 하고 얕은 오븐 용기나 입구를 봉할 수 있는 비닐 봉지에 넣는다. 거기에 다진 살구, 겨자 2TS, 타임, 마늘, 올리브오일 2TS을 넣고 잘 섞는다. 상온에서 최소 30분간 재운다. 냉장고에 넣고 하룻밤 재웠다가 굽기 30분 전에 꺼내도 된다.

큰 주철 프라이팬을 중강불에 달군다. 재워둔 돼지고기를 꺼내 키친타월로 표면을 두드린 다음 가볍게 간한다. 올리브오일 2TS를 프라이팬에 두르고 돼지고기를 10분간 모든 면에 색이 나도록 굽는다. 양파를 더해 몇 번 뒤적인 뒤 프라이팬을 오븐에 넣고 8~10분간 굽는다. 고기를 미디엄레어로 익히거나 원하는 굽기로 익힌다. 다 구워진 고기와 양파를 꺼내 도마에 올려 10분간 두었다가 고기는 얇게 썬다.

작은 볼에 겨자 1TS와 식초, 남은 올리브오일을 넣고 거품기로 잘 섞는다.

녹색 채소를 큰 볼에 넣고 간을 한 다음 얇게 썬 살구와 구운 양파를 넣는다. 작은 볼의 소스 반을 붓고 재빨리 섞는다. 돼지고기를 접시 4개에 나눠 담는다. 녹색 채소와 양파 샐러드를 곁들이고 그 위에 남은 소스를 뿌린다.

저녁 식사

디저트 DESSERTS

현지에서 나는 제철 재료가 신선하면 제대로 익은 여름 체리 볼만 한 디저트가 없다. 좀 더 고급스러운 레시피를 원하더라도, 캘리포니아에서 나는 과일들이 모든 맛을 책임질 수 있다. 입안에 침이 돌게 하는 패션프루트의 새콤한 맛부터 여름 복숭아의 섬세한 단맛까지, 아이스바, 도넛, 스킬릿 케이크처럼 단순한 디저트들을 한층 더 돋보이게 만든다.

코코넛 아이스바 COCONUT POPSICLES

캘리포니아의 더운 여름 밤, 식사를 마치면 상큼한 것이 당길 수밖에 없다. 코코넛 밀크를 베이스로 해서 크리미하고 달콤하고 새콤하고 꽃향기까지 나는 이 아이스바가 제격이다.

10개 분량
준비 시간: 5분 + 얼리기 4시간
조리 시간: 없음

팜스프링스 대추야자
PALM SPRINGS DATE

무가당 코코넛 밀크 400ml, 캔
대추야자 200g, 씨를 뺀 것
코코넛 플레이크 50g
꿀 2TS
카다멈 1/2ts, 간 것
플레이크 소금 1자밤

모든 재료를 푸드 프로세서나 블렌더에 넣고 매끈한 질감이 될 때까지 간다. 아이스바 틀에 붓고 냉동실에 얼린다. 30분이 지나면 막대를 꽂는다. 최소한 4시간 더 얼리고 나서 틀에서 빼낸다.

감귤류 크림시클*
CITRUS CREAMSICLE

무가당 코코넛 밀크 400ml, 캔
연유 120ml
다양한 감귤류 주스 300ml
다양한 감귤류 제스트 1TS

모든 재료를 푸드 프로세서나 블렌더에 넣고 매끈한 질감이 될 때까지 간다. 아이스바 틀에 붓고 냉동실에 얼린다. 30분이 지나면 막대를 꽂는다. 최소한 4시간 더 얼리고 나서 틀에서 빼낸다.

*바닐라 아이스크림을 오렌지 셔벗으로 코팅한 아이스바의 상표명으로, 역사가 거의 100년이 되어 이제는 보통명사처럼 쓰인다.

딸기 & 바닐라
STRAWBERRY & VANILLA

딸기 170g, 얇게 썬 것
설탕 55g
바닐라빈 1개, 반으로 갈라 속을 긁어낸 것 또는 바닐라빈 페이스트 1ts
천연 요구르트 225g
가당 코코넛 밀크 400ml, 캔

딸기, 설탕, 바닐라를 볼에 넣고 섞은 뒤 20분간 따로 둔다.

요구르트와 코코넛 밀크를 거품기로 섞는다. 딸기 혼합물을 푸드 프로세서나 블렌더에 갈아 퓌레 형태로 만든다. 아이스바 틀에 붓는다. 그 위에 요구르트와 코코넛 혼합물을 흘려넣고 재빨리 섞는다. 냉동실에 얼린다. 30분이 지나면 막대를 꽂는다. 최소한 4시간 더 얼리고 나서 틀에서 빼낸다.

패션프루트 커드 도넛
DOUGHNUTS WITH PASSIONFRUIT CURD

딸기 설탕을 뿌려 더 예쁜 미니 쿠션같이 생긴 이 도넛은 한입 베어물기 전부터 우리를 사로잡는다. 패션프루트 필링은 폭신한 빵, 새콤한 설탕과 대조를 이루면서 독특하게 어울린다.

30개 분량
준비 시간: 30분 + 휴지 2시간
조리 시간: 30분

우유 240ml
밀가루 440g + 조리대에 뿌릴 여분
설탕 110g
인스턴트 이스트 2ts
소금 1ts
무염버터 60g
바닐라빈 1개, 반을 갈라 속을 긁어낸 것
큰 달걀 2개, 상온에 둔 것
카놀라유 또는 일반 식용유
냉동건조 라즈베리를 가루로 낸 것 8g
패션프루트 커드 225g(205쪽 참조)

우유를 37℃로 데운다. 푸드 프로세서에 밀가루, 설탕 55g, 이스트, 소금을 넣고 섞는다. 푸드 프로세서의 거품기 후크를 반죽용 후크로 바꾸고 느린 속도로 반죽을 시작한다. 따뜻한 우유, 버터, 바닐라를 넣는다. 달걀을 1개씩 넣고 모든 재료가 잘 섞일 때까지 1~2분 반죽한다. 속도를 중간으로 높이고 3분간 더 섞는다. 반죽이 윤이 나면서 후크 주변에 감기면, 반죽을 살짝 기름칠한 볼에 옮겨 담는다. 느슨하게 랩을 씌우고 1시간 정도 부풀게 두어서 반죽이 2배가 되게 한다.

반죽을 볼에서 떼어내 밀가루를 뿌려둔 조리대 위에 놓는다. 손이나 밀대를 이용해 반죽을 1cm 두께로 만들고 지름 5cm 원형 틀로 찍어낸다. 원형 조각을 공 모양으로 굴려서 랩에 싼 뒤 10분간 둔다. 원형 조각을 떼어내고 남은 반죽을 뭉쳐서 작업을 반복한다. 공 모양의 반죽들을 밀가루를 뿌린 오븐팬에 2.5cm 간격으로 놓고 크기가 2배로 불어오를 때까지 30~45분 그대로 둔다.

튀김용 팬에 기름을 담고 190℃로 가열한다. 반죽을 여러 번 나눠서 기름에 넣고 1~2분간 튀긴다. 튀기는 동안 반죽을 한 번 뒤집는다. 노릇해지면 건져올려서 키친타월 위에 놓아서 기름을 뺀다.

남은 설탕과 라즈베리 가루를 섞는다. 그 위에 따뜻한 도넛을 굴려서 설탕이 골고루 묻게 한다. 짤주머니에 3mm 구멍의 깍지를 끼우고 그 안에 패션프루트 커드를 담고 1~2ts 분량의 커드를 도넛 안에 넣는다. 곧바로 내간다.

캠프파이어 쿠키 CAMPFIRE COOKIES

캘리포니아에서는 해변 캠핑이 사막 캠핑만큼 흔하다. 캠프파이어가 없다면 텐트에서의 하룻밤이 의미가 없을 것이다. 이 쿠키는 미국 사람들이 전통적으로 불 앞에서 먹는 스모어에서 영감을 받았다.

18개 분량
준비 시간: 30분
조리 시간: 16분

맷돌로 간 통밀가루 140g
일반 밀가루 65g
베이킹파우더 1ts
중탄산나트륨 1/2ts
소금 1/2ts + 1자밤
계핏가루 1g
무염버터 115g
갈색설탕 100g
그래뉴당 50g
당밀 1TS
큰 달걀 1개, 상온에 둔 것
바닐라 엑스트랙트 1/2ts
달걀흰자 2개분
크림 오브 타타르* 1자밤
정제당 110g
초콜릿 115g, 18조각으로 나눈 것
천일염

*주석산이라고도 하는데, 포도에 들어 있는 산의 결정이다. 달걀흰자로 만든 거품이 꺼지지 않고 오래 유지되게 해준다.

오븐 안 맨 위칸과 위에서 세번째 칸에 선반을 걸고 오븐을 180℃로 예열한다. 오븐팬에 유산지를 깔아둔다.

볼에 밀가루, 베이킹소다, 중탄산나트륨, 소금, 계핏가루를 넣고 섞은 다음 따로 둔다.

버터, 갈색설탕, 그래뉴당을 패들이 달린 스탠드믹서에 담고, 중강 속도로 5분간 돌려 부드러운 거품처럼 될 때까지 크림을 만든다. 가장자리에 묻은 크림을 긁어내리고 믹서의 속도를 줄인다. 당밀, 달걀, 바닐라 엑스트랙트를 더하되, 하나씩 넣을 때마다 믹서를 멈추고 가장자리에 묻은 크림을 긁어내린다. 저속으로 낮추고 밀가루 혼합물을 넣는다. 재료가 잘 섞이면 바로 믹서를 멈춘다.

큰 볼에 달걀흰자, 크림 오브 타타르, 소금 1자밤을 넣는다. 핸드 블렌더를 저속으로 맞추고 정제당을 조금씩 넣어가면서 6~8분간 거품을 낸다. 새 부리 모양이 만들어질 만큼 점성이 생겨야 한다. 이렇게 만든 머랭을 밀가루 반죽에 넣는다. 두세 번만 뒤섞어 반죽에 대리석 무늬가 남게 한다. 숟가락 2개를 사용해 숟가락 가득 반죽을 떠서(40g) 준비해둔 오븐팬에 7.5cm 간격을 두고 얹는다. 오븐팬마다 9개의 쿠키를 만든다. 대리석 무늬를 더 또렷하게 만들려면, 반죽과 머랭을 섞지 않고, 반죽을 한 숟가락 떠서 오븐팬에 올리고 그 위에 머랭을 더 많이 떠서 펴 바른다. 초콜릿 조각을 쿠키 위에 올리고 10분간 오븐에 굽는다.

오븐을 열고 두 오븐팬의 자리를 바꾸고 오븐팬을 180도 돌려 앞뒤를 바꾼 채로 6분간 더 굽는다. 쿠키가 노릇해지면 꺼내서 식힌 다음 쿠키 위에 천일염을 몇 개씩 올린다.

복숭아 차조기잎 그라니타*

PEACH SHISO GRANITA

그라니타는 과일을 디저트로 바꾸는 가장 좋은 방법이다. 일반적으로 그라니타가 완전히 얼기 전에 긁어 담는데, 단단히 언 것을 내가기 직전에 긁어내도 똑같이 만족스러운 결과물이 된다.

8인 분량
준비 시간: 5분
+ 식히고 얼리기 6시간
조리 시간: 5분

그래뉴당 55g
소금 1자밤
차조기잎 8장
흰색과 노란색 복숭아 450g, 씨를 빼고 잘게 썬 것

*그라니타는 이탈리아에서 유래한 디저트로, 설탕과 물에 과일이나 견과류, 허브 또는 초콜릿 등을 섞어 얼려서 만든 슬러시의 일종이다.

작은 냄비에 설탕, 소금, 물 240ml를 넣고 보글보글 끓이면서 젓는다. 설탕이 다 녹으면 냄비를 불에서 내린다. 차조기잎을 넣고 완전히 잠기게 한 상태로 시럽이 완전히 식을 때까지 2시간을 둔다. 잎을 꺼낸다.

복숭아와 시럽을 블렌더에 넣고 간다. 가로세로 20cm의 틀과 같은 냉동용 용기에 복숭아 퓌레를 옮겨 담는다. 냉동고에 넣고 4시간을 얼린다. 복숭아 퓌레가 완전히 얼어야 한다. 내가기 직전에 완전히 언 복숭아 퓌레를 포크로 긁어 차갑게 둔 컵에 담는다.

주: 그라니타는 복숭아 대신 포도, 토마토, 감, 체리모야, 수박 등으로 만들 수 있다.

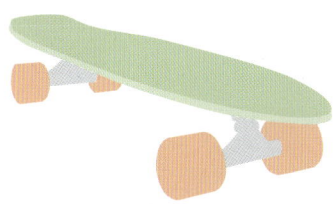

캘리포니아 월계수 아이스크림

CALIFORNIA BAY ICE CREAM

스톡에, 수프에, 스튜에 자주 쓰이는 작은 캘리포니아 월계수잎은 이 아이스크림에도 강한 향과 신선한 맛, 그리고 살짝 후추 같은 풍미를 선사한다.

1L 분량
준비 시간: 20분 + 완전히 식히기 4시간 + 얼리기 최소한 4시간
조리 시간: 15분

달걀노른자 6개
그래뉼당 150g
더블크림 355ml
전유(홀 밀크) 355ml
생월계수 잎 5장, 손으로 찢은 것
플레이크 소금
꿀, 곁들임용
엑스트라버진 올리브오일, 곁들임용

아이스크림 메이커의 볼을 냉동고에 넣고 하룻밤 얼린다. 기계의 사용설명서에 나온 설명을 따르면 된다. 완성된 아이스크림을 보관할 1.5L짜리 용기도 냉동고에 넣고 얼린다.

큰 볼에 달걀노른자와 설탕의 반을 넣고 거품기로 친다.

중간 크기의 냄비에 크림, 전유, 월계수잎, 소금 1자밤, 설탕의 나머지 반을 넣고 섞는다. 중불에서 가열한다. 꾸준히 저어서 설탕을 녹이면서, 끓기 전에 김이 날 때까지만 5분간 가열한다. 달걀노른자 혼합물에 이 크림과 전유 혼합물 240ml를 천천히 부으면서 계속 거품기로 섞는다. 다시 냄비에 붓고 계속 나무 주걱으로 저으면서 온도가 82°C가 될 때까지 10~15분간 중불에서 끓인다. 크림이 묻은 나무 주걱을 손가락으로 스쳤을 때 자국이 뚜렷하게 남아 있을 만큼 크림이 되직해야 한다.

크림을 용기에 붓고 용기를 얼음물에 담가 식힌다. 냉장고에 최소한 4시간 넣어둔다. 꺼내서 가는체에 밭쳐 월계수 잎과 혹시 있을지도 모를 익은 달걀 부스러기를 걸러낸다. 아이스크림 메이커에 담고 사용설명서에 따라서 기계를 작동한다. 작동이 끝나면 랩으로 표면을 덮고 냉동실에 넣어 4시간 동안 얼린다. 내갈 때 꿀, 올리브오일, 소금 1자밤을 뿌린다.

비건 판나코타와 금귤 절임
NUT MILK PANNA COTTA WITH CANDIED KUMQUATS

수제 식물성 음료와 볶은 펜넬 시드의 조합이 이 레시피에 섬세한 꽃 향기를 불어넣고, 감귤류 절임의 새콤한 맛이 완벽하게 보완한다.

6개 분량
준비 시간: 20분 + 식히기 6시간
조리 시간: 4분
+ 향이 배도록 두기 10분

젤라틴 가루 1½ts
펜넬 시드 1TS, 살짝 으깬 것
견과류 음료 710ml(55쪽 참조)
그래뉼당 75g
플레이크 소금 1자밤
금귤 절임(203쪽 참조)
펜넬 꽃가루, 펜넬 꽃 등, 곁들임용

작은 볼에 젤라틴을 붓고 찬물 2TS를 넣고 부드러워지도록 최소 5분간 둔다.

작은 냄비를 중불에 올리고 구수한 냄새가 날 때까지 펜넬 시드를 1분간 볶는다. 견과류 음료, 설탕, 소금을 더하고, 저어서 설탕을 녹여가며 2~3분간 끓인다. 불을 끄고 10분간 두어 향이 음료에 배도록 한다. 가는체에 걸러 큰 볼에 붓는다.

견과류 음료 혼합물 120ml를 작은 볼에 담긴 젤라틴에 붓고 농도가 균일해질 때까지 거품기로 섞는다. 다시 큰 볼에 붓고 거품기로 잘 섞은 다음 냉장고에 최소한 2시간 동안 두어 차게 식힌다. 15분마다 꺼내 뒤섞는다. 혼합물이 되직해져서 농도가 크림치즈처럼 되어야 한다. 혼합물을 컵 또는 래머킨 6개에 나눠 담고 최소한 4시간 또는 하룻밤을 서늘한 곳에 둔다.

내가기 전에 금귤 절임으로 장식을 하고 펜넬 꽃가루와 꽃 등을 뿌린다.

여름 과일과 포피 시드 스킬릿 케이크
STONE FRUIT SKILLET POPPY SEED CAKE

캘리포니아 사람들처럼 이 레시피를 1년 내내 제철 과일로 만들어 즐길 수 있다.

8인 분량
준비 시간: 20분
조리 시간: 45분

코코넛오일 110g + 기름칠할 여분
밀가루 125g
아몬드 가루 110g
베이킹파우더 1½ts
중탄산나트륨 ½ts
포피 시드 1½ts
소금 ½ts
황설탕 100g
그래뉴당 85g
큰 달걀 2개, 상온에 둔 것
바닐라 엑스트랙트 1ts
레몬 1개, 제스트
사워크림 225g, 상온에 둔 것
복숭아, 살구 등 여름 핵과일 450g, 얇게 썬 것
휘핑크림 또는 아이스크림(선택 사항)

위에서 세번째 칸에 랙을 걸고 오븐을 180℃로 예열한다. 주철 프라이팬에 기름칠을 한다.

볼에 밀가루, 아몬드 가루, 베이킹파우더, 중탄산나트륨, 포피 시드, 소금을 넣고 섞는다.

패들이 달린 스탠드믹서에 코코넛오일을 붓고, 황설탕 전부, 그래뉴당 55g을 담고, 중강 속도로 3분간 돌려 가볍고 부드러운 크림을 만든다. 달걀을 하나씩 넣을 때마다 믹서를 멈추고 가장자리에 묻은 크림을 긁어내린다. 바닐라 엑스트랙트와 레몬 제스트를 넣고 30초간 섞는다.

믹서를 가장 약하게 맞추고 밀가루 혼합물의 반, 사워크림을 넣고 돌린다. 혼합물의 나머지 반을 넣으면서 믹서를 멈추고 가장자리에 묻은 것을 긁어내린다. 반죽의 농도가 균일해질 때까지 섞는다. 반죽을 기름칠한 프라이팬에 붓고 표면을 매끈하게 만든다.

얇게 썬 과일을 반죽 위에 올리고 남은 그래뉴당을 그 위에 뿌린다. 45분간 구워서 케이크가 노릇해지고 가운데를 칼날로 찔렀을 때 아무것도 묻어나지 않으면 완성이다. 꺼내서 최소한 30분간 식힌다. 기호에 따라 휘핑크림이나 아이스크림을 곁들여 내간다.

기본 BASICS

당신이 만드는 음식에 모든 맛을 구현해낼 수 있게 해주는 기본 재료 레시피들을 소개한다. 준비해두는 데 시간과 노력이 좀 들어도 그만큼 보람이 있다. 제철에 난 재료로 만든 절임이나 피클은 멋진 선물이 되기도 한다. 페스토와 그린 가데스 드레싱은 거의 모든 음식에 어울린다.

채소 스톡 VEGETABLE STOCK

집에서 만든 스톡이 있으면 끓이거나 삶는 요리를 할 때 언제나 유용하다. 이 레시피는 덤플링 수프(71쪽 참조) 베이스로도 사용될 수 있다.

2.5L 분량
준비 시간: 5분
조리 시간: 2시간

셀러리악 1개(약 250g), 껍질을 벗기고 6등분한 것
루타바가 1개(약 115g)
파스닙 2개(약 115g)
당근 2개(약 115g)
셀러리 2줄기(약 100g), 3등분한 것 (셀러리악 줄기로 대체 가능)
표고버섯 8개(약 115g, 버섯대 포함)
작은 양파 1개, 2등분한 것
생월계수잎 1장
소금 1TS

모든 채소와 월계수잎을 커다란 냄비에 담는다. 물 5L와 소금을 넣고 끓인다. 완전히 끓으면 불을 줄이고 최소한 2시간 동안 뭉근히 끓인다. 작은 기포가 떠오르며 끓는지 가끔 확인한다. 부피가 반으로 줄어들고 채소에 고유의 풍미가 사라지면 스톡이 완성된 것이다.

본 브로스* BONE BROTH

캘리포니아에서는 브로스를 테이크아웃 잔에 담아 마시는 사람들을 마주치는 게 드문 일이 아니다. 빨리 준비해야 하는 저녁 식사 때는 채소와 곡물과 수란을 브로스에 넣고 허브나 치즈를 뿌리면 간편하고 든든한 한 끼가 된다.

약 2L 분량
준비 시간: 5분
조리 시간: 8~24시간

엑스트라버진 올리브오일 60ml
+ 오븐팬에 바를 여분
둘로 쪼갠 골수, 소꼬리, 고기가 붙어 있는 갈비 등 여러 종류의 소뼈 2.3kg
셀러리악 2개, 껍질을 벗기고 2등분한 것
양파 2개, 2등분한 것
통마늘 1개, 가로로 2등분한 것
타임 1단
생월계수잎 2장
통후추 1ts
사과사이다식초 1TS
플레이크 소금

오븐을 240℃로 예열한다.

오븐팬에 살짝 오일을 바르고 소뼈, 셀러리악, 양파, 마늘을 올린다. 그 위에 소금 1TS를 뿌리고 오븐의 맨 아래칸에서 30분간 굽는다. 중간에 재료를 뒤적이고 오븐팬을 180도 돌린다.

조심스럽게 소뼈와 채소를 큰 육수냄비로 옮긴다. 오븐팬에 물을 좀 부어서 나무주걱으로 바닥에 눌어붙은 것도 긁어내 육수냄비에 넣는다. 타임, 월계수잎, 통후추를 넣고 물 4L를 부은 다음 뚜껑을 덮고 끓인다. 표면에 생기는 거품은 제거한다. 불을 아주 약하게 줄이고 식초를 더하고 나서 8~24시간 동안 천천히 끓인다.

모슬린 천으로 된 거름망에 육수를 거른다. 식힌 다음 용기에 옮겨 붓고 냉장고에서 5일간, 냉동고에서 두 달간 보관할 수 있다. 완전히 식었으면 표면의 기름을 떠낸다. 사용하기 전에 다시 데우고 간을 한다.

*비프 스톡과 거의 비슷하나, 본 브로스는 고기가 붙어 있는 뼈를 훨씬 오래, 거의 하루 종일 끓여 만든다. 스톡은 요리의 재료로 쓰이지만, 브로스는 그대로 따뜻하게 식탁에 낼 수 있다.

딸기 로즈 잼 STRAWBERRY ROSE JAM

좋은 잼은 두툼한 빵을 구워 그 위에 가염버터와 함께 발라 먹을 때 최고의 맛이 나지만, 그래놀라와 요구르트, 심지어 아이스크림과 곁들여도 훌륭하다.

600ml 분량
준비 시간: 10분
조리 시간: 15분

딸기 1.4kg, 꼭지를 따고 작은 것은 2등분, 큰 것은 4등분한 것
그래뉼당 330g
플레이크 소금 1ts
로즈 제라늄 1/2단(40g), 잎, 가지, 줄기, 꽃 포함
생강 2.5cm, 껍질을 벗기고 얇게 썬 것
레몬즙 2TS

작은 접시 여러 개를 냉장고에 넣어둔다.

딸기를 큰 냄비에 담는다. 설탕과 소금을 더하고 잘 섞는다. 다양한 식감을 위해 딸기의 반이 퓌레가 되도록 으깬다.

로즈 제라늄과 생강을 모슬린 천조각 두 겹으로 싸서 전체를 끈으로 묶고 냄비에 넣는다. 냄비를 중강불로 가열한다. 15분간 끓이면서 처음부터, 나중에는 더 자주 가장자리와 바닥에 눌어붙은 것을 긁어내린다. 숟가락으로 잼을 조금 떠서 차가운 접시에 올리고, 그 접시를 냉장고에 3분간 둔다. 접시를 꺼내 손가락이나 숟가락으로 잼을 접시 끝까지 문질렀을 때 자국이 남되 잼이 다시 흘러 그 자국을 채우지 않는다면 농도가 적당한 것이다. 레몬즙을 넣고 모슬린 천을 꺼낸다.

잼을 소독한 병에 담고 식힌다. 밀폐된 병에서는 한 달간 보관이 가능하다.

금귤 절임 CANDIED KUMQUATS

과수원 입구 앞에 "원하는 만큼 가져가세요"라고 적힌 표지판은 캘리포니아에서만 볼 수 있다. 그만큼 감귤류가 풍부하다는 뜻이다. 사람들이 절임을 많이 만드는 이유이기도 하다.

1L 분량
준비 시간: 없음
조리 시간: 1시간

금귤 680g
그래뉼당 440g
카다멈 2알, 살짝 으깬 것
플레이크 소금 1자밤

금귤을 냄비에 넣는다. 설탕, 물 475ml, 카다멈, 소금을 더한다. 설탕이 녹도록 가끔 저어주면서 끓인다. 불을 줄이고 금귤 껍질이 반투명해질 때까지 1시간 동안 뭉근히 끓인다. 냄비를 불에서 내리고 시럽 속 금귤을 완전히 식힌다.

금귤과 시럽을 깨끗한 유리병에 옮겨 담는다. 그러면 석 달간 보관이 가능하다. 작은 보석처럼 예쁜 금귤을 판나코타 위에 얹거나(191쪽 참조), 시럽을 감귤류 아이스티에 넣을 수 있다(53쪽 참조).

주: 같은 방식으로 다른 감귤류의 껍질을 절임으로 만들 수 있다. 포멜로나 자몽처럼 껍질이 두꺼우면 겉껍질 아래 하얀 부분을 3mm만 남기고 길게 채 썬다. 기호에 따라, 껍질을 2~3회 데쳐서 쓴맛을 제거한다.

패션프루트 커드 PASSIONFRUIT CURD

커드는 남은 달걀노른자가 있다면 활용하기 좋은 방법이다. 팬케이크나 와플에 곁들이거나 도넛의 필링으로 사용하면 독특한 풍미를 즐길 수 있다.

475ml 분량
준비 시간: 10분
조리 시간: 10분

버터 115g
그래뉴당 220g
달걀노른자 4개, 상온에 둔 것
패션프루트즙 120ml(완숙 패션프루트 6개 분량), 씨를 걸러내고 상온에 둔 것
소금 1/2ts

버터와 설탕을 패들이 달린 스탠드믹서에 넣고 중강 속도로 3~4분간 돌려 가볍고 부드러워질 때까지 크림을 만든다. 달걀을 하나씩 넣을 때마다 잘 섞고, 가장자리에 묻은 것을 긁어내릴 때는 믹서를 끈다. 속도를 낮추고, 패션프루트즙과 소금을 더하고 잘 섞어서 균일한 질감이 되게 한다.

혼합물을 냄비에 붓고 중불에 올려 7분간 가열한다. 가장자리에 묻은 것을 긁어내려가며 젓는다. 따뜻하고 김이 나되 끓으면 안 된다. 커드는 내열 유리병에 담고 상온에서 식힌다. 다 식었으면 뚜껑을 덮고 냉장고에 둔다. 한 달간 보관할 수 있다.

메이플 시럽 대신 팬케이크에 곁들이거나(41쪽 참조) 도넛 필링으로 써도 좋다(183쪽 참조).

페스토 PESTO

페스토는 어떤 허브, 어떤 채소를 가지고도, 아니면 둘을 합쳐서라도 만들 수 있다. 루콜라의 톡 쏘는 맛은 페스토에 재미있는 효과를 가져온다. 견과류나 감귤류의 제스트, 치즈로 응용을 해봐도 즐거울 것이다.

475ml 분량
준비 시간: 5분
조리 시간: 없음

루콜라 1단(잎 85g)
생아몬드 75g
작은 샬롯 1개, 다진 것
레몬 1개, 강판에 갈아서 만든 제스트
엑스트라버진 올리브오일 240ml
파르메산치즈 100g, 곱게 간 것
플레이크 소금, 후추

루콜라, 아몬드, 샬롯, 레몬 제스트, 소금 1/2ts, 후추 1/2ts를 블렌더나 푸드 프로세서에 넣는다. 재료를 섞으면서 올리브오일을 천천히 흘려 붓는다. 혼합물에 작은 덩어리가 씹힐 수 있게 한다. 파르메산치즈를 넣고 페스토를 섞는다. 용도에 따라 간을 한다.

채소 피클 PICKLED VEGETABLES

병에 담긴 채소 피클은 마지막 한 방울까지 활용할 수 있다. 피클물은 샐러드 드레싱에 들어가는 식초 대신 쓰면 맛이 좋다.

1L 분량
준비 시간: 5분
조리 시간: 5분

아삭한 피클
CRUNCHY PICKLES

아삭한 채소 370g(아래 참조)
작은 샬롯 2개, 얇게 썬 것
마늘 2쪽, 살짝 으깬 것
타임, 로즈마리, 타라곤, 월계수, 고수 등 허브 2줄기
생고추 또는 마른 고추(선택 사항)
통후추, 고수씨, 겨자씨, 셀러리씨 등 여러 가지 향신료 씨앗 2TS
쌀식초 240ml
그래뉼당 1TS
소금 1TS

아삭한 채소
미니 당근
래디시, 2등분한 것
비트, 얇게 썬 것
줄기콩
콜리플라워, 머리 부분만

1L 유리병에 채소, 샬롯, 마늘, 허브를 넣고 그리고 기호에 따라 고추를 추가한다.

향료를 작은 냄비에 넣고 향이 날 때까지 중불에서 1분간 볶는다. 물 240ml, 식초, 설탕, 소금을 넣고 끓인다. 설탕과 소금이 잘 녹도록 거품기로 섞는다. 혼합물을 채소에 붓는다. 완전히 식으면 유리병을 밀폐한다. 피클은 냉장고에서 석 달간 보관할 수 있다. 만든 다음 날 먹을 수 있지만, 시간이 지날수록 향이 깊게 밴다.

해프 사워 피클
HALF SOUR PICKLES

소금 2TS
마늘 3쪽, 으깬 것
딜 3줄기
생호스래디시 1.5cm 또는 병에 든 호스래디시 1TS(선택 사항)
겨자씨 1ts, 셀러리씨 1ts
통후추 1ts, 오이 피클 370g

오이 피클을 제외한 모든 재료를 1L 유리병에 담고 물 475ml를 붓는다. 병을 꽉 닫고 흔들어 재료를 섞는다. 오이 피클을 더하고 다시 흔든다. 유리병을 냉장고에 두고 하루에 한 번씩 꺼내서 흔든다. 일주일 후에 먹을 수 있지만, 시간이 지날수록 맛이 더 좋다(한 달 후면 아삭함이 없어진다). 감자 샐러드(127쪽 참조)나 버거(141쪽 참조)와 잘 어울린다.

아보카도 그린 가데스 AVOCADO GREEN GODDESS

이 레시피는 샌프란시스코가 원조인 드레싱에서 응용한 것이다.* 크리미한 아보카도는 사워크림이나 마요네즈를 대체한다. 진하게 만들어서 아삭한 채소를 찍어먹거나 묽게 만들어서 드레싱으로 쓸 수 있다.

350ml 분량
준비 시간: 10분
조리 시간: 없음

중간 크기 아보카도 1개
앤초비 6개, 기름을 뺀 것
파슬리 15g, 잎과 부드러운 줄기만
차이브 15g
타라곤 10g, 잎과 부드러운 줄기만
민트잎 10g
엑스트라버진 올리브오일 2TS
레몬 1개, 강판에 갈아서 만든 제스트 + 즙 1TS
쌀식초 1ts
플레이크 소금, 후추

*그린 가데스 드레싱은 원래 사워크림과 마요네즈를 베이스로 하는데, 여기서는 그 대신 아보카도를 쓴 것이다.

모든 재료를 푸드 프로세서에 넣고 간다. 가장자리에 묻은 것을 긁어내린다. 매끈한 농도에 작은 녹색 허브 조각이 보여야 한다. 간을 한다.

묽은 드레싱을 원하면 물을 한 숟가락씩 넣어가며 농도를 맞춘다. 가볍게 간을 한다.

발효된 핫소스 FERMENTED HOT SAUCE

고추의 모든 향을 담으려면 소스를 살짝 발효시킨다. 이스트로 발효된 빵과 비슷하게 깊은 맛을 낸다.

500~700ml 분량(농도에 따라)
준비 시간: 10분 + 발효 30일
조리 시간: 없음

작은 샬롯 1개, 다진 것
마늘 6쪽, 껍질을 벗기고 으깬 것
소금 35g
통후추 10알
메이플 시럽 1TS
여러 종류의 붉은 고추 340g
아바네로 고추 115g
허브 몇 줄기(선택 사항)
식초, 기호에 따라

샬롯, 마늘, 소금, 통후추, 메이플 시럽을 2L 유리병에 넣고 물 1L를 붓는다. 꽉 닫고 흔든다.

고추를 손질하기 위해 위생장갑을 낀다. 붉은 고추는 꼭지를 떼고 얇게 썰어 링 모양으로 만든다. 아바네로 고추는 반을 갈라 씨를 빼고 꼭지를 뗀 다음 얇게 썬다. 고추를 유리병에 넣고, 기호에 따라 허브를 추가한다. 뚜껑을 다시 닫고 조리대 위 햇볕이 들지 않는 서늘한 곳에 둔다. 매일 뚜껑을 열어 유리병 속 가스를 빼고, 가볍게 섞거나 흔든다. 30일간 반복한다. 발효가 계속되면 기포가 생길 수 있다.

30일이 되면 유리병 속 내용물의 물을 빼고, 그 발효된 물은 받아서 따로 둔다. 고추와 채소를 블렌더에 넣고 간다. 발효된 물을 한 숟가락씩 넣으면서 원하는 농도를 만든다. 씹히는 핫소스를 만들려면 블렌더를 켰다 껐다를 반복하면서 간다. 되직한 소스를 원하면 퓌레 상태가 될 때까지만 갈고, 묽은 소스는 발효된 물을 조금씩 더해가면서 만든다. 소스 맛의 균형을 확인하려면 직접 맛을 본다. 기호에 따라 식초를 넣는다. 소스는 소독한 작은 병에 담아 냉장고에서 최대 석 달간 보관할 수 있다.

허브와 꽃 얼음 HERB & FLORAL ICE CUBES

허브와 식용 꽃이 남았다면 얼음으로 얼려보자. 칵테일, 아이스티, 모닝 셰이크 등에 향과 멋을 더해준다. 이렇게 하면, 정말 버릴 것이 하나도 없다!

얼음틀 2판 분량
준비 시간: 5분 + 얼리기 4시간
조리 시간: 없음

식용 꽃 또는 작은 허브 꽃 20~25g

추천 허브와 꽃
우드 소렐과 꽃
소렐
민트
고수와 꽃
루콜라 꽃
레몬 버베나
딜
보리지 꽃
세이지와 꽃
로즈 제라늄

꽃과 허브를 얼음틀의 칸마다 넣고 정수된 물을 채운다. 4시간 동안 얼린다.

감귤류 절임 PRESERVED CITRUS

겨울철 캘리포니아의 보도는 낙과로 뒤덮인다. 절임을 만들면 이 과일들을 온전히 활용할 수 있다. 레몬 절임을 크리스피 치킨과 리마콩(147쪽)이나 레몬을 곁들인 부라타치즈와 플랫브레드(113쪽)와 함께 먹어보자.

1L 유리병 분량
준비 시간: 5분 + 절이기 30일
조리 시간: 없음

소금 70g
그래뉴당 3TS
핑크페퍼, 펜넬 시드, 고수씨 등 여러 가지 향신료 1TS
메이어 레몬 700g(작은 것 약 8개), 껍질을 문질러 씻은 것
생월계수잎 3장

응용
감귤류: 레몬, 라임, 페르시안 라임, 오렌지, 귤, 금귤 등
향신료: 흑후추, 백후추, 녹색후추, 캐러웨이, 큐민, 카다멈, 팔각, 계피, 정향 등
허브: 타임, 로즈마리, 세이보리 등
마른 통고추

작은 볼에 소금, 설탕, 향신료를 넣고 섞는다. 깨끗한 1L 유리병에 이 혼합물을 1TS 넣는다.

레몬을 세로로 4등분하되 끝까지 자르지는 않아서 분리되지 않게 한다. 안쪽 과육을 이 혼합물로 문지르고 나서 껍질도 문지른다. 레몬의 반을 병에 채우고 꾹꾹 누른다. 월계수잎을 넣는다. 남은 레몬을 마저 채우고 누른다. 남은 혼합물을 그 위에 붓는다. 30일 동안 서늘한 곳에 두고 절인다. 매일 한 번씩 흔든다. 레몬 절임은 냉장고에서 여섯 달까지 보관할 수 있다. 사용하기 전에 헹구고 나서 껍질을 다지거나 얇게 썬다. 병 안에 고인 즙은 샐러드 드레싱으로 쓸 수 있다. 과육은 마리네이드 또는 스튜에 섞어도 좋다.

레시피 목차

ㄱ
감귤류 절임 217
강황 라테 47
게 볶음밥 153
견과류 음료 55
고구마 구이 173
구운 겨울 스쿼시 볼 161
귀리 와플과 여름 과일 31
그린 셰이크 45
그린 포솔레 143
그릴에 구운 미트볼과 레티스 랩 73
그릴에 구운 바닷가재와 아보카도 샐러드 133
그릴에 구운 스테이크와 토마토 샐러드 151
금귤 절임 203
김치 해물 스튜 159

ㄴ
녹색 채소와 허브를 곁들인 달걀 요리 21
누에콩 후무스 115

ㄷ
돼지고기 안심 구이와 살구 채소 샐러드 175
딸기 로즈 잼 201

ㄹ
레몬그라스 생강 아이스티 53
레몬 버베나 아이스티 53
레몬을 곁들인 부라타치즈와 플랫브레드 113

ㅁ
말차 라테 49
멜론 오이 샐러드 123
모닝 그래놀라 33

ㅂ
바나나 씨앗빵 35
바삭한 스시 135
바하 피시 타코 63
발효된 핫소스 213
복숭아 차조기잎 그라니타 187
본 브로스 199
봄 카르보나라 157
블랙베리 옥수수 팬케이크 41
비건 판나코타와 금귤 절임 191
비터 그린스 샐러드 145

ㅅ
새우 구이와 옥수수 크림 163
새우 봄 샐러드 85
서퍼의 아침 식사 25
선샤인 볼 79
스킬릿 채소 볼 81
시트러스 샐러드 105

ㅇ
아과칠레 111
아보카도 그린 가데스 211
아보카도 토스트 13
아삭한 피클 209
아침 식사용 타코 17
양배추 샐러드 91
여름 과일과 포피 시드 스킬릿 케이크 193
여름 과카몰레와 칩 109
여름 샐러드 67
연어 버거 141
완두콩 민트 수프 93
으깬 오이 샐러드 129
잎에 싼 생선 구이 171

ㅈ
줄기콩 시금치 샐러드 131

ㅊ
채소 스톡 197
채소 크런치 랩 97
채소 덤플링 수프 71
체리 슈러브 57
칠라킬레스 19
치아 시드 스무디 볼 15

ㅋ
캘리포니아 그레인 볼 27
캘리포니아 롤 117
캘리포니아 바 103
캘리포니아 스매시트 버거 165
캘리포니아 월계수 아이스크림 189
캘리포니아 참치 볼 83
캠프파이어 쿠키 185
코코넛 아이스바 181
콜리플라워 라이스 볼 69
크리스피 치킨과 리마콩 147

ㅍ
패션프루트 커드 205
패션프루트 커드 도넛 183
퍼시픽 코스트 수프 77
페스토 207
피자 149
피크닉 플래터 121

ㅎ
할리우드 샐러드 89
해프 사워 피클 209
햄 & 에그 베이글 샌드위치 29
허브와 꽃 얼음 215
허브와 훈제 생선이 들어간 감자 샐러드 127
홍차 블랙베리 아이스티 53
훈제 연어와 감자 팬케이크 39

기타
BBQ 쇼트 립 169
BLT 샌드위치 65

재료별 목차

ㄱ

감자
- 허브와 훈제 생선이 들어간 감자 샐러드 127
- 훈제 연어와 감자 팬케이크 39

강황
- 강황 라테 47

게
- 게 볶음밥 153
- 캘리포니아 롤 117
- 퍼시픽 코스트 수프 77

견과류
- 견과류 음료 55
- 구운 겨울 스쿼시 볼 161
- 멜론 오이 샐러드 123
- 모닝 그래놀라 33
- 바나나 씨앗빵 35
- 비건 판나코타와 금귤 절임 191
- 선샤인 볼 79
- 시트러스 샐러드 105
- 양배추 샐러드 91
- 캘리포니아 바 103
- 콜리플라워 라이스 볼 69

고구마
- 고구마 구이 173

고추
- 아침 식사용 타코 17
- 발효된 핫소스 213
- 칠라킬레스 19

과일
- 감귤류 절임 217
- 귀리 와플과 여름 과일 31
- 그린 셰이크 45
- 금귤 절임 203
- 딸기 로즈 잼 201
- 딸기 & 바닐라 아이스바 181
- 멜론 오이 샐러드 123
- 바나나 씨앗빵 35
- 복숭아 차조기잎 그라니타 187
- 블랙베리 옥수수 팬케이크 41
- 비건 판나코타와 금귤 절임 191
- 시트러스 샐러드 105
- 여름 과일과 포피 시드 스킬릿 케이크 193
- 체리 슈러브 57
- 치아 시드 스무디 볼 15
- 패션프루트 커드 205
- 패션프루트 커드 도넛 183
- 피크닉 플래터 121
- 홍차 블랙베리 아이스티 53
- BBQ 쇼트 립 169

귀리
- 귀리 와플과 여름 과일 31
- 모닝 그래놀라 33
- 캘리포니아 바 103

김치
- 김치 해물 스튜 159
- BBQ 쇼트 립 169

꿀
- 바나나 씨앗빵 35

ㄴ

녹색 채소
- 게 볶음밥 153
- 고구마 구이 173
- 귀리 와플과 여름 과일 31
- 그린 셰이크 45
- 녹색 채소와 허브를 곁들인 달걀 요리 21
- 돼지고기 안심 구이와 살구 채소 샐러드 175
- 바하 피시 타코 63
- 봄 카르보나라 157
- 비터 그린스 샐러드 145
- 아보카도 토스트 13
- 양배추 샐러드 91
- 캘리포니아 참치 볼 83
- 햄 & 에그 베이글 샌드위치 29
- 허브와 훈제 생선이 들어간 감자 샐러드 127

누에콩
- 누에콩 후무스 115
- 채소 덤플링 수프 71

ㄷ

달걀
- 게 볶음밥 153
- 귀리 와플과 여름 과일 31
- 녹색 채소와 허브를 곁들인 달걀 요리 21
- 바나나 씨앗빵 35
- 블랙베리 옥수수 팬케이크 41
- 서퍼의 아침 식사 25
- 선샤인 볼 79
- 아보카도 토스트 13
- 아침 식사용 타코 17
- 캘리포니아 그레인 볼 27
- 캘리포니아 월계수 아이스크림 189
- 캠프파이어 쿠키 185
- 할리우드 샐러드 89
- 햄 & 에그 베이글 샌드위치 29
- 훈제 연어와 감자 팬케이크 39

닭고기
- 채소 크런치 랩 97
- 크리스피 치킨과 리마콩 147
- 할리우드 샐러드 89

당근
- 스킬릿 채소 볼 81
- 캘리포니아 참치 볼 83

돼지고기
- 그린 포솔레 143
- 그릴에 구운 미트볼과 레티스 랩 73
- 돼지고기 안심 구이와 살구 채소 샐러드 175

두부
- 김치 해물 스튜 159
- 채소 덤플링 수프 71

ㄹ

래디시
- 그릴에 구운 스테이크와 토마토 샐러드 151
- 바하 피시 타코 63
- 스킬릿 채소 볼 81
- 아과칠레 111
- 아보카도 토스트 13
- 칠라킬레스 19
- 캘리포니아 참치 볼 83
- BBQ 쇼트 립 169

레몬
- 감귤류 절임 217

루콜라
- 구운 겨울 스쿼시 볼 161
- 콜리플라워 라이스 볼 69
- 페스토 207

ㅁ

말차
- 말차 라테 49

맥주
- 그린 포솔레 143

멕시코 요리
- 아보카도 토스트 13
- 아침 식사용 타코 17
- 캘리포니아 그레인 볼 27
- 캘리포니아 월계수 아이스크림 189
- 캠프파이어 쿠키 185
- 할리우드 샐러드 89
- 햄 & 에그 베이글 샌드위치 29
- 훈제 연어와 감자 팬케이크 39

바하 피시 타코 63

메밀
- 캘리포니아 그레인 볼 27

메이플 시럽
- 귀리 와플과 여름 과일 31
- 블랙베리 옥수수 팬케이크 41
- 캘리포니아 바 103

ㅂ

바닷가재
- 그릴에 구운 바닷가재와 아보카도 샐러드 133

버섯
- 구운 겨울 스쿼시 볼 161
- 채소 스톡 197
- 캘리포니아 그레인 볼 27
- 퍼시픽 코스트 수프 77

베리
- 블랙베리 옥수수 팬케이크 41
- 치아 시드 스무디 볼 15

베이컨
- 서퍼의 아침 식사 25
- BLT 샌드위치 65

ㅅ

살구
- 돼지고기 안심 구이와 살구 채소 샐러드 175

새우
- 새우 구이와 옥수수 크림 163
- 새우 봄 샐러드 85

생선
- 김치 해물 스튜 159
- 바삭한 스시 135
- 바하 피시 타코 63
- 봄 카르보나라 157
- 선샤인 볼 79
- 아과칠레 111
- 양배추 샐러드 91
- 연어 버거 141
- 잎에 싼 생선 구이 171
- 캘리포니아 참치 볼 83
- 콜리플라워 라이스 볼 69
- 허브와 훈제 생선이 들어간 감자 샐러드 127
- 훈제 연어와 감자 팬케이크 39

셀러리악
- 본 브로스 199
- 훈제 연어 감자 팬케이크 39

소고기
- 그릴에 구운 스테이크와 토마토 샐러드 151
- 본 브로스 199
- 캘리포니아 스매시트 버거 165
- BBQ 쇼트 립 169

소시지
- 고구마 구이 173
- 아침 식사용 타코 17

순무
- 김치 해물 스튜 159
- 스킬릿 채소 볼 81

스쿼시
- 구운 겨울 스쿼시 볼 161
- 여름 샐러드 67

시금치
- 캘리포니아 그레인 볼 27

쌀
- 게 볶음밥 153
- 바삭한 스시 135
- 선샤인 볼 79
- 스킬릿 채소 볼 81
- 채소 크런치 랩 97
- 캘리포니아 롤 117

씨앗
- 바나나 씨앗빵 35

ㅇ
아마란스
- 모닝 그래놀라 33
- 여름 샐러드 67

아보카도
- 그릴에 구운 바닷가재와 아보카도 샐러드 133
- 새우 봄 샐러드 85
- 서퍼의 아침 식사 25
- 스킬릿 채소 볼 81
- 아보카도 그린 가데스 211
- 아보카도 토스트 13
- 여름 과카몰레와 칩 109
- 칠라킬레스 19
- 할리우드 샐러드 89

아스파라거스
- 새우 봄 샐러드 85

오이
- 그릴에 구운 바닷가재와 아보카도 샐러드 133
- 멜론 오이 샐러드 123
- 여름 샐러드 67
- 으깬 오이 샐러드 129
- 캘리포니아 롤 117
- 캘리포니아 참치 볼 83
- 해프 사워 피클 209

오징어
- 비터 그린스 샐러드 145

옥수수
- 블랙베리 옥수수 팬케이크 41
- 새우 구이와 크림 옥수수 163
- 여름 과카몰레와 칩 109
- 여름 샐러드 67

올리브
- 비터 그린스 샐러드 145
- 양배추 샐러드 91
- 콜리플라워 라이스 볼 69

완두콩
- 봄 카르보나라 157
- 완두콩 민트 수프 93

요구르트
- 딸기 & 바닐라 아이스바 181
- 바나나 씨앗빵 35
- 블랙베리 옥수수 팬케이크 41

월계수
- 감귤류 절임 217
- 캘리포니아 월계수 아이스크림 189

음료
- 강황 라테 47
- 견과류 음료 55
- 그린 셰이크 45
- 말차 라테 49
- 아이스티 53
- 체리 슈러브 57

ㅈ
채소
- 봄 카르보나라 157
- 새우 봄 샐러드 85
- 스킬릿 채소 볼 81
- 아삭한 피클 209
- 양배추 샐러드 91
- 완두콩 민트 수프 93
- 줄기콩 시금치 샐러드 131

채소 덤플링 수프 71
- 채소 스톡 197
- 채소 크런치 랩 97
- 캘리포니아 참치 볼 83
- 피자 149
- 해프 사워 피클 209

초콜릿
- 바나나 씨앗빵 35
- 캠프파이어 쿠키 185

치아 시드
- 치아 시드 스무디 볼 15

치즈
- 녹색 채소와 허브를 곁들인 달걀 요리 21
- 레몬을 곁들인 부라타치즈와 플랫브레드 113
- 멜론 오이 샐러드 123
- 칠라킬레스 19
- 캘리포니아 스매시트 버거 165
- 페스토 207
- 피자 149
- 피크닉 플래터 121
- 할리우드 샐러드 89
- 햄 & 에그 베이글 샌드위치 29

ㅋ
케일
- 그린 셰이크 45

코코넛
- 귀리 와플과 여름 과일 31
- 그린 셰이크 45
- 모닝 그래놀라 33
- 바나나 씨앗빵 35
- 여름 과일과 포피 시드 스킬릿 케이크 193
- 캘리포니아 바 103
- 코코넛 아이스바 181

콜리플라워
- 콜리플라워 라이스 볼 69

콩
- 줄기콩 시금치 샐러드 131
- 크리스피 치킨과 리마콩 147

퀴노아
- 귀리 와플과 여름 과일 31
- 캘리포니아 참치 볼 83

ㅌ
토르티야
- 바하 피시 타코 63
- 아침 식사용 타코 17
- 칠라킬레스 19

토마토
- 그릴에 구운 스테이크와 토마토 샐러드 151
- 아과칠레 111
- 여름 과카몰레와 칩 109
- 여름 샐러드 67
- 칠라킬레스 19
- BLT 샌드위치 65

토마티요
- 그린 포솔레 143

ㅎ
해바라기씨
- 모닝 그래놀라 33

해초
- 바삭한 스시 135
- 캘리포니아 롤 117
- 퍼시픽 코스트 수프 77

핵과류
- 귀리 와플과 여름 과일 31

햄
- 햄 & 에그 베이글 샌드위치 29

허브
- 녹색 채소와 허브를 곁들인 달걀 요리 21
- 레몬그라스 생강 아이스티 53
- 레몬 버베나 아이스티 53
- 딸기 로즈 잼 201
- 허브와 꽃 얼음 215

호미니
- 그린 포솔레 143

호밀
- 캘리포니아 그레인 볼 27

호박씨
- 모닝 그래놀라 33
- 여름 과카몰레와 칩 109
- 캘리포니아 참치 볼 83

호스래디시
- 그릴에 구운 스테이크와 토마토 샐러드 151
- 해프 사워 피클 209

공급자들

모든 사람들에게, 이 책에 영감을 주고 생명을 불어넣은 생산자들에게 감사드립니다.

FERRY PLAZA FARMERS' MARKET
1 Ferry Building
San Francisco, CA 94111
001.415.291.3276
www.cuesa.org
화요일, 목요일, 토요일 개장

FINLEY FARMS
1702 N Refugio Road
Santa Ynez, CA 93460
001.805.686.0209
finleyfarmsorganic@gmail.com

GARCIA ORGANIC FARM
Juan & Coco Garcia
40430 De Luz Murrieta Road
Murrieta, CA 92563
001.760.728.5925
@garciaorganicfarm

HAWKINS NEW YORK
767 S. Alameda Street, Los Angeles, CA
613 Warren Street, Hudson, New York
17 8th Avenue, NY, New York
001.844.HNY.3344
www.hawkinsnewyork.com

HOG ISLAND OYSTER CO.
20215 Shoreline Highway
Marshall, CA 94940
001.415.663.9218
www.hogislandoysters.com

PASCAL BAUDAR
www.urbanoutdoorskills.com
www.instagram.com/pascalbaudar/

PROPLINK
2301 E 7th Street, Suite A101
Los Angeles, CA 90027
001.323.763.3236
www.proplinkla.com

SANTA MONICA FARMERS' MARKET
Arizona Avenue at 2nd Street 월요일 개장
Arizona Avenue at 3rd Street 토요일 개장
001.310.458-8411
www.smgov.net/portals/farmersmarket/

SCRIBE WINERY
2100 Denmark Street
Sonoma, CA 95476
001.707.939.1858
www.scribewinery.com

STRONG ARM FARM
Heidi Herrmann
strongarmfarm@gmail.com
양식장 방문 전 예약
www.foragesf.com/seaweed-foraging

TOTEM HOME
info@totemhome.com
www.totemhome.com

감사의 말

우리를 격려하고 이 멋진 책을 만들어준 마라부 출판사의 케이티 질러, 고맙습니다. 이 프로젝트에 재능과 노력을 펼쳐준 콘 풀로스, 모든 사물에서 아름다운 것을 찾아내는 당신의 능력은 놀라웠어요. 이 책을 만드는 동안 도움을 주고 보통 때처럼 요리에 열의를 보여준 시벨 통뒤, 고마워요. 캐서린 놀턴, 이 모든 일에 고맙습니다. 소중한 의견을 준 브렛 리갓, 이 책의 내용에 에너지와 정성을 불어넣어준 캐시 스티어, 창의력 가득한 디자인을 해준 앨리스 채드윅, 모두 감사합니다. 끝으로, 마크, 변함없는 인내심과 지지를 보여주어 고마워요.

Californie Les Recettes Culte by Vivian LUI
© Hachette Livre (Marabout), Paris, 2019
All Rights Reserved Korean translation © 2022 by KL Publishing Inc.
Korean translation rights arranged with through Orange Agency.

CALIFORNIA
CULT RECIPES
캘리포니아 컬트 레시피

1판1쇄 펴냄 2022년 11월 25일

글: 비비언 루이   사진: 콘 풀로스   옮긴이: 강지숙, 이주민

펴낸이: 김경태

편집: 홍경화 성준근 남슬기 한홍비   디자인: 박정영 김재현
마케팅: 전민영 유진선   경영관리: 곽근호

펴낸곳 (주)출판사 클   출판등록 2012년 1월 5일 제311-2012-02호
주소 03385 서울시 은평구 연서로26길 25-6
전화 070-4176-4680   팩스 02-354-4680   이메일 bookkl@bookkl.com
ISBN 979-11-92512-09-9 13590